女性を生きる

湊　晶子

JN264983

角川oneテーマ21

目次

すぐれた家庭管理者
①常にメモを取り、分類する癖を
②整理する手順が身につくように
③優先順序を決めて一つずつ終わらせる
切り替えの名人に
自己発見装置
小さなことにも達成の喜びを
少女のような感動をいつまでも

第三章　ほんとうのひとり立ちをして生きがいを

女性にとって生きがいとは
主婦業も専門職
①子育ては日本の将来を決める
②介護は社会福祉事業

第五章　日本の女性教育

第一章　女性としての生き方

自分自身を正しく位置づけて

女性が女性として生きるのはごく当たり前のことですが、いざ、このテーマを与えられて書き始めますと、大変複雑な内容が含まれていることに気づかされます。どうして女性の問題ばかりが一般社会でも雑誌とかニュースでこんなに取り上げられるのでしょうか。まだまだ女性の社会的地位については多くの未解決部分が残されています。確かに男と女では肉体的にも精神的にも違いがありますが、その差異を優劣論・役割論・性差論の範囲で説明しようとしているところに問題があると思うのです。

私たちも無意識のうちに、女性に対する固定観念を持っていないでしょうか？ 生まれたばかりの時点では、体の大きさなど外見的にも大差がないのに、女の子と聞けば「かわいらしい」「かよわい」などと表現し、男の子と聞けば「強そうな」などと表現してしまいます。

医学的に見れば、女の子のほうが発育も良いし病気や怪我に対する抵抗力も大きいのに、女の子だと壊れ物を扱うように大切に、男の子だと強くなることを願って少し荒っぽく扱う傾向があるようです。さらに、女の子の将来を考える場合にも、かわいいお嫁さんになれそうな道を、本人も親も無意識のうちに優先して考えがちなのです。

このように私たちは知らず知らずのうちに女性が女性として生きるための限られた枠組みを作り上げて、その中で悩んでいることだってあるのです。

男と女にかかわる問題は、優劣論でも、役割論でも納得のいく説明は得られないでしょうし、また、「女らしさ」「男らしさ」というような漠然とした議論でも結論は出ないでしょう。私たちは、この問題を真剣に考えてみる必要があります。

女性が女性として生きることを、単にかわいらしく、またいかにも女性的にしなやかに生きるというような外面的な問題としてではなく、女性をどう位置づけるかという内面的問題として考えてみましょう。

すなわち、男であれ女であれ一人の人間として存在することそれ自体が、かけがえのない意味があるのです。男として女としてどんな生活をし、どんな地位にあり、どんな活躍をしているかというよりも、今、ここに生きていることがはるかに尊く価値があります。

ですから、一個の人格を持った人間として存在すること自体が、原点となるのです。

ほんとうの意味で一個の人格を持った人間として存在するためには、男も女もどうしようもない生まれながらの自分から解放されて、新しい自分に造り変えられなければなりません。

その位置づけがあって初めて、女性がただ女らしく生きるのではなく、ほんとうの意味で女性としての自信をもって生き、男性がただたくましく生きるのではなく、男性としての存在の意味を理解して生きることができるのです。

このような大切な前提に立って、「女性が女性として生きる」というテーマを私のささやかな経験を交えながら考えてみたいと思います。

女性であることの意味を理解して

世界史的にもキリスト教史的にも女性理解には問題がありました。

古代ギリシャ・ローマの時代には、一般に女性の地位は大変低かったと言えます。スパルタでは力強い子孫をつくることが人々の関心事であり、なよなよとした青白い体は必要とされず、女性はスパルタにとって健康な子を産む「道具」と考えられていました。

したがって当時のギリシャ人の意識の底に、自分が獣ではなく人間に、女性ではなく男性に、野蛮人ではなくギリシャ人に生まれたことに当然誇りがありました。このような低い女性観の風靡していた新約聖書の時代すなわち紀元一世紀の時代に、使徒パウロが「ユダヤ人もギリシャ人もなく、奴隷も自由人もなく、男も女もありません。

なぜなら、あなたがたはみなキリスト・イエスにあって一つだからです」（ガラテヤ人への手紙三—二十八節）と述べていることは、当時の歴史事情からすると進んだ発言だったと思うのです。

女性の社会的地位は、身分制度にもとづく封建社会において最低であったと言えましょう。テルトゥリアヌスという教父は「女性は地獄の門である」と述べ、女性は汚れ劣った存在であることを認めます。西欧の中世史の中で聖職者の独身制が見られるのも一つの現れでありましょう。

ルネサンスと宗教改革は女性の性の発見の重要な出来事であると言えます。もはや恋は罪悪ではなく、女性は悪魔ではなくなったのです。ボッカチオは歌いました。「女よ、あなたは明るい美しい光です。そのおかげでこの暗い世を元気に暮らして行けるのです」と。宗教改革は一人ひとりの人間の魂を男も女も同じように神と結びつけたのです。万人祭司制と言う大切な原理を打ち立てました。

せっかく中世の弊害を打ち破って、自我の目覚めを勝ち取ったのも束の間、歴史は啓蒙思想の理性主義の中に流され、感性的存在の女性に対して理性的存在の男性の優位性を主張して、男性社会をますます発達させ歴史の中から女性を追い出す方向へと進んでしまいました。

世界史的な間違いは次の三つに要約できると思います。まず、女性が子供を産む道具と見做し、人格的理解を欠落したこと、次に、男性を理性的存在、女性を感性的存在とし、理性を感性の上に置き優劣関係としてとらえたこと、第三に、抑圧された姿を強調するあまり、それからの解放を強調し過ぎて、女性の性を中性化してしまったことに問題があったと私は思っています。

教会史的な間違いも次の三点に整理できると思います。まず、教父ヨハネス・クリュソストムスをはじめとする多くの教会関係者が述べる如く、女性は男性の後からつくられたもので、従って女性は男性に次ぐ二義的存在であると解釈したこと、第二にテルトゥリアヌス、オリゲネスなどによって代表される大勢の教会関係者が理解したように、女性は誘惑され、そして過ちを犯し、その結果女性はこの世に罪と死をもたらしたので汚れた存在であるとしたこと、第三に、歴代のローマ・カトリック教会教皇教書などが示すように、女性は男性に従属する存在で、男性の優位は神によって定められ、聖書に啓示されているとすると考えたことに、教会史的間違いを発見するのであります。

生物はすべて雄と雌につくられているのに、どうして人間だけが男と女に造られたのでしょうか。雄と雌というのと、男と女というのでは本質的にどう違うのでしょうか。イワン・イリイチという学者は、性をジェンダーとセックスに分けて、現代社会はジェンダーを忘れたセックスの社会になっていると早くから警告を発しました。雄と雌というセックスの世界ではなく男（man）と女（woman）というジェンダーの世界を再生させるべきではないかと主張しました。

今度、生まれるとしたら、男に生まれたいですか、それとも女に生まれたいですかというアンケート調査に時々出くわしますが、これほどナンセンスな問いかけはないのです。今自分が男としてつくられ、また女としてつくられた意味を明確にして、世界でたった一人としてしかつくられていない自分の存在の意味を確認したいと思います。

男は外で働き、女は家の中だけにいて家事をやっていればそれで結構というような役割論を教えているのではありません。また、男は理性的で優れ、女は感性的で劣っているというような優劣論を述べているのでもありません。

聖書は「人が独りでいるのは良くない。彼に合う助ける者を造ろう」（創世記第二章十八節）と記しています。助ける者という訳語には、専門家に対する助手といった上下関係を思わせるイメージがありますが、ここで使われている「エーゼル」という語は、「私を助ける神」を指して用いられている場合が多いのです。ウォルト・カイザーという旧約学の学者は、strength（力）と訳しましたが、人が独りでいるのは良くないので、神は力となる人を造られ、男と女としたという表現に接して、私は大変納得がいったことがあります。

まことに女性は男性に対して付加的、従属的存在であるのではなく、真実な協力者・力・パートナーとしてお互いに存在価値があるのです。

右手と左手が上下関係であったり、手の平の大きさが変わっていたらポンという響きの良い音は出ません。男性と女性は上下関係でも、優劣関係でもなく、響き合う存在なのです。

自分らしくいきいきと

ＩＣＵ（国際基督教大学）の初代学長であられた湯浅八郎先生の米寿を祝う会に伺ったことがありました。先生はその席上で、先生の生きる心構えと生活信条を披露なさいましたが、私は、この自己四原則に大変感銘を受けました。

その四原則を紹介しますと、

①　自己を自己として認識する自覚
②　自己を自己として肯定する自信
③　自己を自己として批判する自粛
④　自己を自己として奉仕する自由

です。すなわち、自分らしくいきいきと生きるためには、自分を自分として認識し、肯定し、批判できなければならないと言われるのです。

しかし、いざ自分らしく生きようとすると、なかなか思うようにならないのが現実ではないでしょうか。そこで、ここでは自分らしく生きるための、私の自己テストについて書いてみたいと思います。

聖書の十誡《じっかい》の最後の誡に、「あなたの隣人のものをほしがってはならない」と自己確立の原則が述べられています。

レストランに入って、自分の一番食べたいものを注文したはずなのに、なぜか隣の人が食べているもののほうがおいしそうに見えたりします。私は、隣の柿が赤く見える間は、自分らしく生きることができていないと自己採点します。

自分らしくというのは、自分勝手という意味ではありません。ほかの人、すなわち隣の柿にばかり目を向けて、その中で自分を認識するのではなく、自分自身に目を向けて自己を自己として認識することです。

極限にある自分と鏡で向かい合えるか、その自分を治められるかが問われます。夫のこと、子供のこと、仕事のこと、付き合いのことなどで、いらいらが極限に達したときの顔を鏡に映して見たことがおありでしょうか。

あるときは恐ろしいような、またあるときは迫力に満ちてはいるけれど、なんともあわれっぽい顔に接して、「ああ、私なんて駄目なんだ」とますます落ち込んでしまわないでしょうか。

いきいきと生きているからこそ、いらいらもし、怒りも湧き、悲しくもなるのではないでしょうか。

まさに私がここに生きているんだという証拠と受け止めてもよいのではないかと思っています。だからといって、一生懸命聖人ぶって人間不在になってしまうことは、かえって人をつまずかせてしまう結果となります。私の現状はこうなんだと、素直に「自己を自己として肯定する自信」を持つことは、自分らしく生きるために大切だと思います。

しかし、ここで非常に重要なことは、肯定した自分をどこまで治められるかということです。

愛されているからこそ、愛することができる、その事実に気づいたとき、いらいらさせられていたその対象を愛せるように、変えられているのです。まさに、その時が自己を自己として批判し、自粛し、治めた瞬間なのです。

このときの鏡の中の顔は、先ほどの顔と比べて何と美しいことでしょう。

たとえば、コップ半分の水を見てどう思うか。「もう半分しかない」と思って、いつもあくせくしていたら、きっと自分を見失ってしまうでしょう。自分らしく生きるためには、どうしても「まだ半分もある」と見る余裕が必要です。その余裕があって初めて、静かに自らを反省することが可能となるのです。そうして「自己を自己として奉仕する」ことができるでしょう。

女性の中には、仕事さえ持っていればいつもいきいきとして、生きがいが得られると単純に思っている方がおられます。しかし、実際に仕事についてみると、仕事からくるプレッシャー、人間関係からくる重圧に押しつぶされそうになることもしばしばです。女性であるために味わわなければならない問題だって少なくありません。家庭と仕事を両立させようとすると、ますます大変になってきます。

女性が仕事を持って、常に魅力ある女性として生き続けるには、どんなところに気を配ったらよいのでしょうか。

働く意味を積極的にとらえて

私たちは生活のうちのほとんどの時間を働くことに費やして生きています。働く場が職場であっても、家庭であっても、男も女も共に働いて一生を全うするのです。聖書にはどこにも、男だけが職業を持って働き、女は家の中だけで働くよう勧めている箇所はありません。

男も女も与えられた場で（職場であっても、家庭であっても）、怠けず勤勉にこの世のわざに励む。男の仕事と女の仕事、知的労働と肉体労働というように優劣をつけることは、全くの誤りと言えましょう。

現代社会の中で、女性の職場での条件は改善の途上にあります。また、家庭労働の評価も低いかもしれません。改革には百年も二百年もかかります。「働く」ことを通して証《あか》しを立てる意味を心に留めて、女性として、「今」を責任を持って忠実に生きることが、一見消極的に見えても、結局は、積極的に歴史に大きく貢献していることになるのではないでしょうか。

男と女の関係は優劣の関係でも対立の関係でもなく、パートナーの関係なのです。甘えずに責任を果たすという厳しさを忘れないで、なおも女性の性に生きつつ男性と協力し合って働きたいものです。

働くことは人間を作ります。少しのことで不平を言ったり、批判的になったりしないようにして、生きる目標を大きく掲げて、働き続けたいと思います。女性も変わってくるでしょうし、男性も必ず変わってくるでしょう。どんなに嫌なことがあっても、女が女の足を引っぱるようなことがあっては女性の問題は永久に解決されないでしょう。気をつけたいことです。

共働きには上手な工夫を

最近の傾向として結婚も仕事もしたい、しなければならない女性が増えています。愛をもって上手に工夫すれば必ず成功できます。うまく工夫していくためには、若い時から、何事にも切り替えの名人になれるように訓練しておくことが最も大切なことだと思います。

別の機会に両立について考えてみたいと願っています。

そして、さわやかな女性でいたいという気持ちを持ちましょう。さわやかな女性とは、いわゆる女らしい人という意味ではありません。その人がいるとほっとし、姿を見せないと何かもの足りなさと寂しさを感じさせる、そんな存在です。みだしなみを整えて、明るい笑顔とさわやかな態度で人様に接したいといつも願っています。

主婦とは、一般に夫に対しては「妻」であり、他人から「奥さん」と呼ばれ、子供からは、「母親」として取りすがられる女性とでも言えましょう。最近、あまりにも女性の自立とかアイデンティティーが強調されるので、この「主婦」の社会的役割があまり尊重されなくなってきています。

ですから、女性の社会進出の門戸が開かれれば開かれるほど、主婦としてのアイデンティティーに満足することもできず、さりとて、女性として自己実現も達成できず、あたりをきょろきょろ見回して右往左往している人が増えてくるのです。

どうしたら主婦として自己確立し、いつもフレッシュに生きることができるでしょうか。

青い鳥を探しまわらないで

主婦という仕事をしっかりと位置づけ、子育てがとても大事な仕事と肝に銘じている人は、そんなにぶつぶつ不平をもらさないはずです。私は子育て真っ最中の十年はだまってやろう、そのかわり十年後には何かしたいから、今は細々ながら準備の勉強だけはしてこうと努力しておられる方々を知っています。

家庭を犠牲にして、急いで外に飛び出さなくても、ライフサイクルに合わせて、徐々に外の世界にかかわっていくことだっていくらでもできます。

子育て期の小刻みな時間にしかできないことも、社会を明るくしますし、実年になって時間をかけて奉仕することも、同じように社会を明るくします。

昨年、突然の手術に身も心も弱り果てていたときに、女手一つで子育てを全うされた老婦人から上衣が届けられました。それをまとうと、その方の気持ちが伝わってきて、私は一気に元気を取り戻すことができました。その方は、いつもいきいきしておられ、とてもフレッシュです。置かれた所々で青い鳥を見失わなかったからだと思います。

ひと味違ったおふくろの味を

袋にはいろいろな種類があります。福袋・ごみ袋・ずだ袋・堪忍袋・知恵袋など。三人の子供たちのお袋になってみて、我慢と忍耐と寛容の連続を強要されつつ、「おふくろ」とはよくまあ表現したものだと感心させられています。

家族主義の強いわが国では、犠牲的に家族に仕えるおふくろさんは良妻賢母として尊ばれてきましたが、女性の平均寿命が延びた今日《こんにち》、良妻賢母がうつ病にかかる率が高いと言われます。それはなぜでしょう。

私は常々、ライフサイクルに合わせて、自分だけの世界、また、夫婦だけの世界を持つようにと提唱しています。

すなわち、ひと味違ったおふくろの味、セルフ・バッグを持つということです。子育て真っ最中のまことに忙しい時代には小さいバッグで、実年になって余裕ができれば大きなバッグに取り替えて、自分自身を見つめる余裕を忘れないようにすれば、主婦としていつもフレッシュでいることができると思います。

夫は社会経験の中で時代とともに成長し、子供も急速に成長するのに、おふくろだけが成長しなかったら、子育てが終わった時点でうつ病にならないとも限りません。

主婦の仕事は、掃除・洗濯・子守りなどまさに単純作業の連続であります。ですから、セルフ・バッグの許す範囲で、読書やスポーツ、カルチャー・センターでの学びなどを通じて自分自身を磨く必要がありましょう。

主婦としても成長しているという自信と喜びは、夫への愚痴を激減させます。ささやかながら自分のものを持って、一生懸命生きているおふくろさんの後ろ姿は、必ず子供にも良い影響を与えましょう。

どんな時にも優先順位を明確にして

私たちは皆人間です。

すなわち、人と人の間に生きる存在です。しかし、人と人の間に生きるということは、現実には何とむずかしいことでしょうか。でも、私たちが人と人の横の関係の中に生きている以上、隣人のことを無視して生きることはできないのです。

私が言っています「女性のひとり立ち」というのは、女性が肩ひじ張って男っぽくなるとか、女性的でなくなるということではありません。もちろん、女性としての権利と人格が保障されるために努力する責任があります。社会において、女性の人格がおかされたり、道具とされたり、政治的な権利が剥奪《はくだつ》されたりするときは、私はほんとうに立ち向かうつもりです。でも、それ以外のことでは、自信をもって女性としての〝性〟を生きるべきだと思っています。

ですから、お茶汲《く》みしようが、何をしようが、非常に感謝してできます。手が勝手に動きます。それをすることによって、女性のアイデンティティーがなくなるなんて、とんでもないことだと思います。

男性がか
しらで、女性は助ける者と聖書の中にはありますが、それは上下関係でも権力関係でもない。お互いを認め合って、トータルな意味で両者の存在価値があるということです。まさに、sex でなくて gender、性差なのです。

では、女性にとってアイデンティティーとは何か、どうすれば自分らしく、いきいきと生きられるかということです。

主婦もりっぱな専門職です。

仕事を持っている女性が偉くて、家事だけやっているのは落ちこぼれみたいな意識が、女性たちの中にもあるのです。優劣をつけてはいけない、みんな均等に大切な任務を負っているのですから。仕事のために結婚しないでひとりで生きていこうとしている女性があってよし、結婚するために仕事をやめる女性があってよし、仕事もし家庭も守ろうという女性があってもよし。

許された環境で自分らしく生きるのがいいと思います。

女性らしく生きることは非常に大切だけれども、全面的に男性に寄りかかっていることが、男性にとってしあわせかどうか。何かにつけて、「どうする？」って聞くわけです。夫は生前、「自分の道は自分で開拓しろよ」ってよく言ってました。

日本の女性は、まだまだ夫の生活に依存しすぎるのかもしれません。もう少し自分の世界を持つといいでしょう。テニスをするのもいいし、絵でも詩でもいい。嬉々《きき》としてやるから日常生活でもグチは出てこないはずです。発散できるし、生活に感動も出てくる。いきいきしてくるから、とってもプラスになる。

今の夫婦には対話がないとよく聞きます。対話のない夫婦が、子供が成長して離れていって、その時、さあ、対話をしようといって二人で並んだって何も出てきません。だから熟年の離婚だの、夫を粗大ゴミ扱いするようになって……。やっぱり妻も、子育て真っ最中で忙しい時期でも、いつも問題意識を持って燃えていなければいけません。お互い、どちらからでもいいから対話を作らなくてはと思うのです。

私もありました。おしめ洗ってたり、ミルクを作ってたりして、こんなことやっててつまんない、と思ったこと。夫だけどんどん成長して、ジレンマを感じたこと。勉強したいのにできなかったこと。それが不平に終わるか、その中で何かを見つけるかは全く違う。その中で見つけた私の世界、私の歩み方っていうのは大きいわけです。

男の人は、外でピチピチ働いている女性と一日過ごして家に帰る。帰ってみて、全然表情がなくて、目の輝きもない女性が目の前に座ってみても、全く魅力がないでしょう。だから家庭にいても、年とともに「外なる人は衰えても、内なる人は日々新たなり」でいかなくてはいけません。

ある雑誌に書いたことがあります。女性は、二十代は育自、自分を育てながら、決断をしていく時だと思います。三十代から四十代前半くらいまでは、育児しながら育自される時代。四十代後半で、子育てからもう手がだいぶ離れてきたら、人生八十年として、あと四十年近くあるわけでしょう。今度は今まで蓄えてきた精神的貯金をもとに、さらに育自してそれを社会に還元していく時代、思う存分仕事ができる時代。

両方の手が自由になったから、やりたいことができる今は、私には精神的な青春なんです。だから、うれしくて仕方がない。でも、これから頭の回転する時期っていうのはそう長くないから、やりたいことの優先順位をつけて、しっかりやっていきましょう。

夢多き悩み多きあなたにひとこと

＊夢多きあなたに

五十歳代以降のことを考えた長期的展望に立って、自分の人生を設計して生きてほしい。

＊大学生のあなたに

学生時代遊んでしまわないで、精神的・技術的貯《たくわ》えをできる限り作ってほしい。

＊職業の選択に迷うあなたに

その仕事の積み重ねが、自分の将来に意味があるかをよく考えて。

＊給料の高低が気になるあなたに

だれでも条件がよいほうがよいが、はたして一生通してやるだけの使命感をその仕事に持てるかどうかが、賃金の高低以上に大切な選択基準。

＊自分の能力がよくわからないというあなたに
能力とは初めからわかっているものでなく、育てられ育てていくもの。この火種を燃やすか消すかはあなた次第。

＊今の職場や仕事が合わず、辞めたいと思っているあなたに
しばらくは経済的支えのためと割り切り、今のところにとどまって。きっと、これでよかったと思う時がくるはず。

＊小さな子供を持って働くあなたに
物事の優先順位を決めてください。三歳まではスキンシップが大切。子供との時間を最優先させて。

＊育児のために仕事を辞めようかと悩むあなたに
お金はあとで戻せても、チャンスは戻らない。ベビーシッター・ヘルパー・保育園にお金がかかって家計を赤字にしても、夫や家族に協力してもらって。仕事を全うす

るに足る使命感があるかどうかがバロメーター。

＊家族に申しわけないと感じるあなたに
母親が使命をもって働けば、その姿を見て、子供は育っていきます。

＊夫も含めた社会の流れから取り残されていく寂しさを感じているあなたに
自分も積極的にチャンスをつかんでいくことで成長しましょう。一つつかんだチャンスは、必ずまた新しいチャンスを生み出すものです。

女性としての休息を

日本人と言えば、どこの国の人々にも勤勉な国民として知られているようです。事実、私たちの中にも、ひたすら仕事に励むことが美徳であるかのような考えが無意識のうちに潜んでいます。

とくに、私たち実年の者には、その思いが強いのではないでしょうか。ぼんやり休んでいると何となく申しわけないような気がしてきて、つい、あれもこれもと走り出している自分に気づくことがしばしばあります。

仕事仕事に追われて、体も心も休むことを知らなかったならばどうなるでしょうか。どこかで限界がきて、疲れ果ててしまいます。また、仕事の能率は低下するでしょうし、価値ある仕事を推進することもおぼつかなくなり、精神的にもどんどん落ち込みます。私はこの年になって初めて、生きていくためには、働くことと同じくらい休息が必要であることに目覚め始めました。

以前、癌研の検査で異常が発見され、ほんとうに突然でしたが、手術を受けました。お産以外では寝たこともなく、また一日五時間睡眠でがんばれたこともあって、少し体を酷使しておりましたので、突然の手術をスムースに乗り切るためには、いろいろと障害がありました。手術後、今まで考えてもみなかった病気が次々に出てきて、オーバーホールするのに半年もかかったのです。

私たちの体は、オーバーホールしないで無制限に使ってよいはずはありません。伸び切ったゴムは必ず切れてしまいます。

この世に生を得ている者として、正しく健康管理をすることに、もっと神経を使わなければならないと反省させられています。私は今まで、休息とか余暇というと、それは暇のある方々に属する時間で、私のように主婦役・夫役・教師役をしている者には、とても縁遠い時間のように思えておりました。休息とか余暇の概念を時間的尺度からだけとらえていたのです。すなわち、時間が余ったら休息しようという消極的な発想しか持っていなかったのです。

今回の病気を通して、余暇と休息に関する積極的なとらえ方を教えられ、とても感謝しています。余暇とは、単に余りの時間を指すよりは、積極的に作り出し、肉体的・精神的休息をとり、明日への生活の活力を生み出すための欠くことのできない時間であることに気づかされました。

そうして、忙しい時、困難に直面している時ほど休息が必要です。人間関係のもつれや仕事の重責で疲れ果てている時こそ、しばし、それから完全に離れて、一人静まる時が必要とされているのです。

精神的にも肉体的にも休息をとって給油される時です。車ですら、給油中はエンジンを停止しなければならないのですから——。

第二章　いきいきと生きるためのちょっとした工夫

すぐれた家庭管理者

私たちはみな現実の時間の中に生きています。

ある人々は同じ二十四時間を三十時間分に、ある人々はそれ以上の価値に用いています。また、ある人々は十時間分ぐらいにしか用いないのです。

さて、日本人は一般に整理整頓《せいとん》をして、組織化するのが下手なようです。戦後急速に事務革命が起きて、ゼロックス、ファイリング・システム、コンピューター、ワープロと次々に新しい事務器具が導入されました。

私たち主婦は、朝起きてから夜床《とこ》に入るまで、実に多くの仕事をこなさなければならない。あれもこれも、と覚えていようとして、しまいにはいらいらし出してしまう。

もし家庭管理をする上で、ちょっとした工夫をすることによって、能率化され、もっとゆったりした気持ちでいきいきと過ごすことができたらどんなにすばらしいでしょうか。

私の、ささやかな経験から生み出された知恵の中から、四つほど語ってみます。

①常にメモを取り、分類する癖を

私たち主婦の繁雑な生活の中で、いつもメモを取るなんて、かえって面倒くさい！と思われる方もいると思います。しかしよく考えてみると、メモは、何でもかんでも覚えているために取るのではなくて、一つ一つ忘れるために取るのです。

だから、快適な生活を送るためにこれは不可欠な手順と言える。一生懸命記憶していようと神経を磨《す》り減らす前に、記録してそのことから一時解放されるわけです。

私はエプロンとかハンドバッグの中に、常時メモ用紙と鉛筆を入れています。予定として覚えておかねばならないこと、連絡しなければならない事項など思い出したときに、すぐ書き留めておくのに便利です。

お皿を洗っているとき、掃除機をかけているときなど、ふっと思い出すことが多々ある。すぐ書き留めておかないと、赤ちゃんが泣き出した、ドアベルが鳴った、電話がかかってきた……と次々に中断されているうちに記憶から脱落してしまいます。

メモを取りっぱなしにしたのでは、それは紙くずと同じです。メモを取るだけでも面倒なのに、それを分類するなんてますますしんどいと思われるかもしれない。書く場所、整理する場所をしっかり決めておけば実に簡単なのですから、それらの場所を間違えないようにさえすればよいのです。

予定に関するものであれば私の場合、台所の電話の横にかけてある総括的な予定表にまず入れます。それと同時に、携帯用の予定表にも入れることを忘れないように心がける。当時、子供たちがまだ小学生、中学生の時は、親が予定を細かく知っていなければならないので、家族の総括的な予定表は、それぞれ色分けして記されていた。夫は黒、長男は緑、次男は青、娘は赤、私はオレンジといった具合に。

メモを取る内容は、単に事務レベルの問題だけでなく、外の仕事のこと、講義内容のこと、現在なら本の内容に関することなどありとあらゆる範囲にわたり、そのつどふっと頭に浮かんだアイデアをメモしている。

そうして各分野のファイルの中に、入れるだけ入れておく。それから後の操作については、「女の城」づくりのところで話させていただきたい。

ここで一つだけ心がけると便利なことがあります。

事務的なメモは一枚のメモ用紙に、どんどん思い出すままに書き留めてもよいが、それ以外のメモは一枚に一つの事項に限るのが便利です。なぜなら分類の箇所がそれぞれ違うからです。

いい考えが浮かんだのに、どうしてもそれを思い出せないことがよくあります。これは年とともに激しくなってくる。だからせっせとメモを取り、分類するように心がけたいものです。

②整理する手順が身につくように

整理するということは、そこら中に散らかっているものを片づけて、きれいにするということとは違います。世の中には、机の上が山のようになっていても、必要な時に必要な資料がさっと出て来る整理のよい人もあれば、机のまわりから本棚に至るまで整然ときれいなのに、いざという時に何も出て来ない人もいます。

三人の子供たちがまだ小さかったころ、ヘルパーを頼んでいた時期がありました。ある時、「奥様、本箱をきれいにしておきました」と声をはずませて報告されたことがありました。私の本棚は、歴史関係の書物と聖書学関係の書物が分けられ、さらに年代別に、さらにその中が主題別になるように並べてありました。

ところが彼女は、本の高さと色によってきれいに分類し直してしまった。しかし、私にとっては何の意味もないのです。要するに整理するということは置き場所を体系化することであると言えます。

さて置き場所を体系化するにあたって、心がけたいことを二、三述べておきます。

まず第一に置き場所を決めることです。家庭関係、仕事関係のものをどこに、どのように置くかを決めます。

第二に、置いた場所をファイリング方式によって体系的に整理する。たとえば家庭関係であれば、支払い関係——電気、ガス、水道、NHK受信料、新聞などのファイルと、税金関係のファイル、それから家族個々人のファイルなど、各々の家庭に最も適した項目で体系的に分類する。仕事関係も体系化した分類を工夫しておく。

第三に、決めた場所に必ず入れること、取り出した場合は元に戻すことが大切です。これが確実にできるかどうかが整理がうまくいくかどうかの決め手となる。

子供の小さいころは、主婦の時間は寸断されやすい。せっかく赤ちゃんの寝ている間にこれだけは……と思って始めた仕事も、すぐにまた泣き声で中断される。追い討ちをかけるように電話が鳴る。そんな時はいさぎよく中断すればよい。

この時やらねばならない大切なことは、手に持っているものを分類項目のファイルに入れておくことです。赤ちゃんを片手に抱っこしていても、これくらいはできる。時間にしたらほんの何秒かの作業です。

しかしこれは大げさに言えば、歴史を再現し連続させるかどうかの大きな分かれ道なのです。

もしこのことが身についているならば、どんなに仕事の種類が増えてもこわくない。次に時間があるときに、そのファイルを取り出して、続きをやればよいだけだから。

整頓ではなく、整理ができる人は、精神的にもいらだたない。そうして時間も驚くほどたくさんできるのです。

③優先順序を決めて一つずつ終わらせる

朝食のあと席を立つ前に、その日にやらなければならないことをリストアップし、順序を決めます。十数項目になったりすると、うんざりする。こんなにこなすには時間が足りない……と消極的になったら負けである。時間は作り出すものです。

私はリストを整理して優先順位をつけるときに、やりたくないことから先に片づけられるようにしています。たとえば気になるところへの電話など。後回しにしていると、そのために一日中憂うつになってしまうから。

夜寝る前に、朝作ったリストを一つ一つ消すときは、何か達成感があって実に心地よい。リストが残ってしまったときも気にしない。次の日に送って、また挑戦します。一日精一杯生きても、どうしても終わらない場合はいくらだってあります。きょう一日を守られたことを感謝して、またあす頑張るのです。

このように組織的に整理して生活の能率化を図っていくと、思ってもみなかったほど時間ができるし、気持ちもゆったりとしてきます。こうして生み出された時間は、家族のために使うもよし、自分の精神的成長のために使うのもまたよい。家の中で妻が、母親が、いつもいらいらしていては、家族の精神衛生上よくない。ゆったりと心豊かに、いきいきと過ごしたいものです。

切り替えの名人に

「脂が乗るまで時間がかかる」とか「どうも気乗りがしない」とかいう表現を聞いたり、自分でも何の気なしに使ったりします。これは二十四時間全部を自分で処理できた時代の優雅な表現でしょう。

一人を背に、両手に一人ずつ手をつないでいる子育ての真っ最中にはこんな悠長なことはとても言っていられません。

十五分静かで、両手が完全にあいている時間ができたら、すばらしい喜びでした。十五分しかないから何もできないと思うのと、何かスタートするのとでは大変な違いです。十五分といえば一時間の四分の一、つまりこれが四回集まれば一時間の仕事ができるわけです。

十五分もある世界を十分に生かすためには、切り替えの名人とならなければなりません。気乗りがしないのなんのと言っている間に十五分はパッと過ぎ去る。要するに、いま子守りをしていても寝てしまったら、その瞬間から、もう一人の自分に切り替える。おしめを洗った手のふやけがまだ治まらないときでも、読み続けている本を手にして、二、三秒、目を閉じると完全にその世界に戻る。こんなことを一日のうちに何度も繰り返すのです。

「しか」の生き方と「も」の生き方では、必ず大きな違いが出て来るはずです。

それは、子育てにも影響を及ぼします。子供が学校から出来の悪い試験を持ち帰ったとき、「これしかできなかったの！」と不満の声を上げるよりも、「あら、これもできたの、これもできてるじゃない！　それなら今度はこれもできるでしょ」と言ったほうがよっぽどやる気を起こすものです。

小刻みな時間配分に生きる主婦にとって、十五分もある世界に生きる喜びを、日々実感として味わっていきたい。この喜びを味わえたとき、切り替えの名人になっているはずです。

自己発見装置

十五分でもいい。いつも定められた所に座れるような場所をつくるのです。立派な書斎である必要はない。部屋の片隅でもよい。そこに座れば、スーッと自分の世界に入り込める場所を家の中に獲得する。私はこれを女の城と名づけています。

女の城は、子供の年齢とともに変化します。子供がハイハイをし出し、手当たり次第に手に触れるものをつかみ取る時代、私の自慢の女の城は、上段を全部あけた本棚でした。ここなら大丈夫。本を読みかけて広げておいても、資料を並べておいても妨害されない。当時、女の城とのお付き合いは、立ったままでした。わずかな時間であっても、その前に立つと、中断されていた歴史が再現するのです。

車を運転される方ならだれでも、ガソリンスタンドの壁に、「給油中エンジン停止」と書かれた看板をご存知だろう。車でさえ給油している間はエンジンを止めなければならない。女の城は、人生のガソリンスタンドです。

小さなことにも達成の喜びを

外の仕事に比べて家事は同じ仕事の繰り返しで変化に乏しく、一つ一つの仕事に対してやり遂げたという達成感がもちにくいので、一見単調に見えます。しかしその中でも達成の喜びを味わい続けることは、人生をいきいき生きるもう一つの秘訣《ひけつ》でもあるはずです。外に仕事をもっておられる方々にとっては、家事一般は気分転換の対象となり、結構楽しめるものです。

仕事上のことでとても不愉快なことがあったときなど、お風呂《ふろ》場を洗ったり洗濯をしたり夢中で体を動かすと、いつの間にか気分も休まります。

しかし専業主婦の場合はこうはいかない。私は、いつも期限のあることを身のまわりにいくつかつくるように心がけていました。「いついつまでに、これをやらなければならない」という期限付きの仕事は適度の緊張感を与えてくれると同時に、やり遂げたときの喜びを味わわせてくれます。

最近主婦のサークル活動は大変盛んです。

特に各種の勉強会などに参加する方々が多いと聞きます。テニスなど手軽にできるスポーツへの参加熱も高い。主婦が三食昼寝付きなどと言われて、家の中で悶々《もんもん》としているのでは、いきいきとした家庭の雰囲気づくりなど決してできません。パッと切り替えて、小さなことにも達成の喜びを味わっていきいきしていれば、夫へのぐちも減り、子供へのマゴン的存在も少しは緩和されるでしょう。

家庭教育の中で、子供たちに小さい時から達成の喜びを教えることは、重要な教育であると思います。子供の横にべったりついて、金切り声を上げて算数や国語を教えることが母親の役割ではないのです。私は、この達成の喜びを子供に味わわせることが勉学の基礎になると思います。これは仕事を通して教えるのがよいのです。

小さい時から男の子でも、お皿を洗わせたり草取りをさせたり、家族とともに働くことを覚えさせる。気が遠くなるほどたくさんの仕事を与えたのでは、効果も薄れます。年齢に応じて適当な分量のお皿を拭《ふ》いてもらう。黙ってやらせておくと、未来都市とやら称して、お皿やコップを積み上げ、いくつも割ってしまうことにもなりかねないが、それでも全部片づいたときは、子供自身「終わった」という気持ちが味わえるのです。どんなに小さなことにも達成の喜びを味わうことができたら、いくつになっても、またどんな状況の中でも、いきいきした若さを保っていられるでしょう。

少女のような感動をいつまでも

私たちは、よく二十歳ぐらいですでに心がふけこんで、年寄り臭くなっている人に出会います。また逆に衰えていても、実にいきいきしているお年寄りにも出会うことがある。少女のような感動をもっているかいないかは、人をこんなにも変えてしまうのです。

人間は、好奇心をもち続け、問題意識をもち続けているかぎり、いつも若いはずです。人間が動物と違うのは、限りない知識欲にあるのではないのでしょうか。

歴史を発展させる原動力も、この好奇心から来ていると言っても過言ではありません。エデンの園の時代からニュートンが万有引力の法則を発見した時代までには、数え切れない数のリンゴが木から落ちたはずです。

しかしニュートンだけが、なぜ落ちるのか、落ちるとはどういうことかを改めて問い直した。この法則の発見がどんなに大きな影響を与えたかは、物理学や天文学の専門家が詳しく説明されるでしょう。

私たち一人一人の中にも、知りたい、理解したいという渇望が脈打っています。この渇望が好奇心を育て、さらに自分自身を開花させるエネルギーとなると言えるのです。

子供たちは好奇心に満ちた目を輝かせながら、「これはなぜ?」「どうして?」「これなあに？」と質問攻めにします。しかしこのような好奇心と知識欲は、年とともに薄らいでしまいます。

お年寄りでもいきいきとしておられる方々は、人生の長い歩みの中で常に自分が集中できることを開拓し、もち続けてこられた方ではないかと思います。

ある人にとっては書道であったりまたある人にとっては絵画であったり、様々です。ある方は、私の関係している大学の授業を聴講に来られ、若い学生さんと机を並べています。どの分野でも学び出すと一生かかっても十分ではないのです。

第三章　ほんとうのひとり立ちをして生きがいを

女性にとって生きがいとは

医学の進歩は、今まで経験したこともない高齢化社会を生み出しました。

戦前の女性は、洗濯機や冷蔵庫やオーブンなど文化的設備を何一つ持たず、自らの肉体労働によって現代の機械の仕事の分もこなしてきました。当然のことながら、過酷な毎日は寿命を短くし、当時の女性の平均寿命は五十歳でした。

ところがいま五十歳といえば、人生半ばを少し過ぎたところです。末子が高校を卒業して、大学受験を終わらせ一息ついてから、夫が死亡するまでは二十年もあることになります。夫婦だけになってからも十五年もある。さらに夫が死亡してから一人暮らしが八年は続く。もし女性の生きがいが、子を産み育てることだけならば、子育て以後の生きがいは何でしょうか。

『広辞苑』によると、「生きがい」とは「生きているだけの値打ち。生きている幸福・利益」とあります。世間ではこの値打ちを、愛とお金と名声によって評価します。世の中には、人もうらやむほどのお金と名声があっても、生きがいのない人がたくさんあります。また逆にそんなものは何一つなくても、実にいきいきと生きがいのある生涯を送っている人もあります。

生きがいというのは、生きてきてどれだけの利益があったかという結果にかかわる問題ではなく、何のために生きているかという目的にかかわる問題であると私は思います。

聖書のことばの中に、「生きがいとは」という表現は一度も見られませんが、キリスト教的生きがい論を総合して述べている箇所はいくつもあります。中でも次に挙げる二つの箇所は、生きがいを明確に表していると思う。

「いちばん上になりたい者はすべて人の僕《しもべ》になりなさい」（マルコ一〇・四四）。

「受けるよりは与える方が幸いである」（使徒二〇・三五）。

私は、生きがいとは「しもべとして仕えるために生き」、そして「受けるよりも与えるために生きる」ことであると考えます。私たちの人生は、人に仕えてもらうためにあるのではなく、まさにしもべとなって仕えるためにあるのです。お金や名声によって自分の値打ちが決まり、生きがいを感ずるのとは反対に、人に仕えることによって自分の値打ち、存在価値が決まってくるというのです。自分に向かって放たれた矢が、外に向かって放たれることによって得られる幸福感、すなわち存在の喜び、これこそ生きがいではないでしょうか。

「使徒言行録」の中で著者ルカは、福音書で語られたイエス・キリストの教えを要約して、

「受けるよりは与える方が幸いである」と記しました。英訳の中に次のような訳がありますが、このことばをよりわかりやすく表現している。“Our living is not for getting, but for giving.”(私たちの生活は、得るためにあるのではなく、与えるためにあるのである)。

私たち一人一人は神のかたちに似せて男として女として造られました。この貴重な存在である私たちは、たとえどんなに小さなことであっても、世のため人のために仕えることができるはずです。それが他の人々から評価されようとされまいと。

ほんとうのひとり立ちができている人は、人からの評価よりももっと大きな評価を求めています。二千年昔、高価なナルド油をささげたベタニヤの女に、「この女は、自分にできることをしたのです」(新改訳マルコ一四・八)とイエスは語りかけ、彼女ができる範囲のことを精一杯したことを評価しました。名もない一人の女性の行為が、天において評価されている。これより大きな生きがいがあるのでしょうか。

主婦業も専門職

よく家庭婦人と職業婦人を対立的にとらえる人がいます。つまり職業婦人のほうが、より充実した生活を送り、社会に対する貢献度も大きいという考え方です。これはとんでもない誤りだと思う。

世の中に、職業に打ち込むために結婚を断念する人があってもよい。また結婚するために逆に仕事をやめる人があってもよいし、また両方続ける人もあってよい。大切なことは、生き方に優劣をつけてはならないことである。どの生き方も、その人に与えられた状況と環境によるところが多いからです。しかしここで非常に大事なことは、その中でどう生きるかということです。

近ごろこんな会話をよく耳にします。「奥さん、何も仕事をしていないんですか。もったいないですねえ」「パートでもなさったら？」

いつから主婦業が仕事の分野から落ちこぼれてしまったのでしょうか。三食昼寝付きという心ないことばは、きっと主婦業の内容を全く知らない人が言い出したものでしょう。

私は育児・家事と外の仕事と両方やってみて、両方の性格は異なっていますが、労力と神経をすりへらす点においては同じだと実感しています。外の仕事は時間で区切られるし収入に結びつくが、主婦業は、時間の区切りもなければ、経済的評価もおぼつかない。これからの日本の社会でも、また家庭の中でも主婦業はもっと正当に評価されるべきではないでしょうか。

①子育ては日本の将来を決める

子育てに専念できるのは、子供が三人いたとして、女性のライフサイクルの中で十年くらい。恋人同士のように暮らしていた二人だけの愛の巣は、赤ちゃんの誕生によって戦場と化す。四時間置きに迫る授乳、甲高い泣き声、連日の睡眠不足、母親の神経はだんだんと高ぶり出す。生きがいどころではないという気分。

しかし子供が欲しくても授からない夫婦のことを、心を静めて考えるとき、自分の手の中の赤ちゃんのぬくもりがどんなに貴重なものか実感として伝わってきます。

子育ての根本的な使命は、日本をいや世界を担う次の世代の若者を育てることにあります。まさに子育ては日本の将来を決める大切な事業です。

こう考えてくると、胸はきゅっと熱くなり、感謝の思いで満たされます。と同時に、子育てに対する責任を感じざるを得ません。しかもこの子育ての大切な責任は、子供を育てることによって全うされる。だから、子育ての時期の生きがいは、子供を次世代を担う人となるべく全力投球で育てることにあります。

②介護は社会福祉事業

老人の世話のために、外出もままならない主婦の方々は多いのです。ボケてしまったお年寄りの世話は並大抵なことではありません。

いくら鍵《かぎ》をかけても開けて出て行ってしまう。夜中も目が離せない。私自身も身近に経験してみて、「老人の世話は、りっぱな社会福祉事業である」という思いを強くさせられました。

現在の日本では、老人問題は主婦の手にゆだねられているのが現状です。もしこの問題を国家として取り上げ、推進したならば、どれだけの予算と人材を必要とするか計り知れません。

一人一人の主婦の働きは、日本の国家予算を大いに助けていることになるわけです。家族の者も、国家の要職にある者も、現在の日本の貧しい福祉体制の中で、各家庭の主婦がいかに大きな役割を果たしているかという事実を認め、励まし協力し評価してほしいと思います。

また主婦自身も、日本の福祉体制の中で重要な役割を果たしていることを誇りとし、そのためになくてはならない自分の存在に気づき、そこに生きがいを見出《みいだ》してほしいと願ってやみません。

③針一本の生きがい

聖書の中には、たくさんの女性の名前が記されています。私の最も好きな女性は、地中海の港町ヨッパに住んでいたドルカスという名の女性です。この女性が熟練していたのは、針仕事だけでした。

ドルカスは、特に貧しいやもめたちのために針仕事をしていました。彼女のできる範囲で、能力の限りを尽くして針仕事をしました。彼女には、高価な品を製作するだけの経済力がなかったので、下着類を作って、できるかぎり多くのやもめたちを慰めたのです。「人様に下着なんて差し上げたら失礼じゃないかしら……」これは日本的発想です。自分のできる範囲で精一杯の努力をして社会奉仕をした。彼女はまさに、自分自身のためにはほとんど何も必要とせず、他の人々のために生きたのです。だからこそ彼女自身は幸福であったし、生きがいを感じていたのです。

私たちも、目立たない主婦業の中にあって、針一本の生きがいを常に味わいつつ、女として生かされている使命を全うしたいものです。

またお年寄りに対しては、特にどんなに小さなことでも、それが貴重であると語り続けることを周囲の人々は忘れてはならないと思います。

こうして初めて、すべての人々がいきいきと生かされてくるのではないでしょうか。

子育て以降の生きがい

①新しい目標の開拓

私たちの人生では、末子を結婚させてからでも二十数年間の人生があるし、まして子育てから一応手が離れるようになってから数えると、三十年近くもあります。それまでは、子育てという生きる目標と支えがある。しかしそのすべてから解放される四十歳後半になると、「心身症」、「うつ病」が多くなるそうです。

これは男性の場合も同じで、自殺者が最も多い年代だということです。会社に情熱を注ぎ込み、モーレツ社員として働き、この年になって燃え尽きる。一時「燃えつき症候群（バーンアウトシンドローム）」といったことばが流行したほどです。

せっかく二本の手があいて、自由にはばたけるのに燃え尽きてしまっては、何とも情けない。特に女性にとっては、これからが出番なのです。子育て奮闘時代に制限された範囲のことしかできなかったけれど、もっと違った範囲にまで能力開発できるかもしれない。自分のできる範囲を、自ら開拓していく時代が始まるわけです。この転換がスムースにできる人は、中年の危機から脱出できる人です。

②専業主婦の能力開発

最近、婦人の集まりで講演をする機会が多くなりましたが、どこに行っても高い学歴をもった主婦が大勢おられることに驚いています。多くの方々がエネルギーの発露を求めている。外国の女性が実にいきいきとしているのは、自分の与えられている能力、受けた教育を社会に還元しようとする意欲が強いからでしょう。ボランティア活動や地域でのサークルに積極的に参加し、自分自身が社会から得てきたものを社会にお返ししようとする。

最近大学でも社会人向けの講座が増え、いつも定員以上の申込みがあります。各大学の女性学研究所やキャリアセンターを中心に積極的にプログラムが組まれていることは喜ばしい。人生経験豊かな中高年女性の時間と能力を社会に返していただきたい。

第四章　学生時代に見つけてほしいこと

ゆるぎなき人格形成を

私たちの住んでいるこの現代社会は、まさに「L」「M」「N」の蔓延《まんえん》した世界と言えましょう。Lとは“Love”「愛」であり、Mとは“Money”「金」であり、Nとは“Name”「名声」です。

そのような価値観を追い求める現代社会を生きぬくために「なくてはならないもの」、すなわち、「O」「P」「Q」について考えてみたいと思います。「O」とは“Own”「自己認識」、「P」とは“Person”「人格」、「Q」とは“Qualification”「資格」です。

しかし、女性は就職したその時から大分変わってきます。男性と女性の生き方には、いろいろな違いが出てまいります。

雇用の条件といった具体的な違いもさることながら、根本的にライフ・サイクルの中で自分をどう位置づけるかという点で、おのずから違いが出てきてしまうのです。

男性にとってのライフ・サイクルは学生時代と社会人時代と退職後の時代と大きく三期に分けられると思います。

しかし、女性のライフ・サイクルは人によって異なりますが、男性のそれのようにはいきません。ほとんどの女性は社会人となりましても、結婚を控えて、仕事も結婚もか、仕事か結婚かと悩み、たとえ両立させてがんばってきても、子供が生まれる時に、もう一度仕事か家庭かで真剣に悩みます。

私は一人の女性としてユニークな経験を重ねながら半世紀を生きてきました。

大学卒業後、渡米し、同じフルブライト留学生の一人と結婚し、子供一人を連れて三人で帰国し、その後二人の子供を加えられ、子育てと仕事を何とかこなしながらやっと落ち着きかけたころ、夫を突然亡くし未亡人となりました。ですから私は娘として、妻として、母として、教師として、未亡人として、ほんとうに喜びと悲しみと不安と悩みを味わいつつ今日《こんにち》までまいりました。

女性の場合は男性の場合のように、ライフ・サイクルにおいて、はっきりとした区分が設けられない状況にあると言えます。女性が社会人として活躍するためには、男性以上に適応性を要求されることを覚悟しなければなりません。

私自身の経験から言いますと、女性にとってのライフ・サイクルは、子供が生まれるまでと、子育て時代と、子育てが終わった時代との三つに分けて考えると、さまざまな問題に対処しやすくなると思います。

子供が生まれるまでの両手がフリーな時代は、二十四時間を自分でコントロールできる貴重な時です。子育て時代は育児しながら育自される、これも貴重な時代です。子育てが終わった時からは、今までの精神的貯《たくわ》えを社会に還元していくこれもまたすばらしい時代です。

このように考えてきますと、仮に二十五歳で子供が生まれるとして、今からの六年か七年間は女性の人生にとって実に大切な時となります。その大半の四年間がこれから始まろうとしているのです。この時期に「O・P・Q」をしっかりと見出して、第二期も第三期もいきいきと生きぬいていただきたいと願ってやみません。

それではしばらく、「O・P・Q」について考えてみましょう。

①"Own"自己認識をしっかりと

「O」というのは"Own"のことです。私たちが人間として成長するためには、自分をありのままの姿で認識し、そうだと肯定する勇気を持つ必要があります。

日本人はだれしも、知らず知らずのうちに、臭いものには蓋《ふた》をして、自分の弱さをくるみこんでしまって、真正面から対決できない傾向を持っています。弱さを弱さとして認め、それを肯定していく勇気なくして、ほんとうの意味で世の中に用いられる人間に成長することはできません。

弱さを認めることができたその時は、神が働きかけられる時でもあります。私は、自分が強いと思っている人は実は一番弱く、自分の弱さに気づいて、弱いと思っている人が実は一番強いのではないかと思っています。ですから、この時期に自己認識をしっかりする必要があるのです。

②"Personality" 人格形成を

次に、どうしてもなくてはならないものは「P」です。すなわち、正しい人格"Person" 形成がなされることです。正しい人格形成とは、座標軸のある人格形成とでもいうことができましょう。

もともと「人格」という言葉は、キリスト教の概念から生まれた言葉です。人間とは人と人との間、すなわち横の関係を表した表現ですが、人格というと、人と人との横の関係を、まず縦の関係からとらえ直したということができます。

したがって、人格形成とは縦軸と横軸の関係において形成される自己ということができましょう。縦軸とは何でしょう。これこそ学生時代に見出していただきたいものなのです。

縦軸というのは、天地創造の神と私を結ぶ縦の関係です。旧約聖書の最初を開きますと、創世記という書があります。その一章の二七節に「神はこのように、人をご自身のかたちに創造された」と記されています。人とは原語でアダム、すなわち“mankind”人類という意味ですから、男性も女性もすべて、ひとりひとりが人格を持った器に創造されたということなのです。

ですから、男性が神の前に人格をもって造られ、神と交われるなら、女性も同じように神の前に人格をもって造られ、神と交わることができるように造られたのです。歴史のある時期には、女は子を産む道具とされていた時代もありますが、聖書の内容を正しく読むならば大変な間違いであることに気づきます。

このように縦軸のある人格論から出発すると、男女の問題を優劣関係とか上下関係からとらえては、その出発点から間違ってしまうことがわかってきます。

真の人格形成は、神との縦の関係なくしてはあり得ません。グラフに特定の点を位置づけるためにも縦軸を必要とするのですから、このような複雑な現代社会を揺るぎなく生きぬくためには、縦軸が必要なのです。

それでは最後に「Q」、どのようにしてこの縦軸が私の中に可能となるかについてお話しいたしましょう。

③"Qualification" 生きる資格

知るということを聖書は「信じる」と記しています。そうして「信じる」ということは、神との人格的な交わりに入れていただくために方向転換することです。人生行路に新しい羅針盤が与えられたことです。"Qualification"が与えられたということなのです。

新約聖書の中でヨハネは常に「信じる、知る」と「信じない、知らない」を対比的にとらえつつ記した弟子でした。

私はこの行路に三十五年前に乗船させていただきました。私の人生は、決して皆さんのころ描いた青写真のとおりにはなりませんでした。しかし、必ず港まで導いてくださるはずと信じて歩んできました。

耳慣れた聖書のことばの「あすのための心配は無用です。あすのことはあすが心配します」（マタイ六・三四）、「天の下では、何事にも定まった時期があり、すべての営みには時がある」（伝道者三・一）が、この年になって生活の中にずっしりと根をおろしてきた思いがいたします。

このように、縦軸のある世界は、解答のある世界です。詩篇の作者ダビデは、「私は山に向かって目を上げる。私の助けは、どこから来るのだろうか」と問いを投げかけ、自ら「私の助けは、天地を造られた主から来る」と明確に解答を示しました（詩篇一二一・一―二）。縦軸と横軸の座標軸にしっかりと位置づけられ、資格づけられた人生は、まことに揺るぎないものと言えます。

初めに申しましたように、現代は「L・M・N」"Love, Money, Name"を追求するのに熱心な時代です。

私の専門が一世紀の新約聖書時代史の関係もあって、コインに描かれている肖像とか文字とかに、つい興味が走ります。古代史家にとっては、そこに描かれているどんなに小さなデザインも貴重な資料になるからです。

新渡戸先生は、縦軸のある人生を明確に把握され、キリスト教にある人格教育を日本に紹介された重要な人物です。そうして先生は、三人の、時代に輝いた女性リーダーを育て上げられました。津田梅子氏と安井てつ氏と河井《かわい》道《みち》氏です。津田梅子氏は津田塾大学の、安井てつ氏は東京女子大学の、河井道氏は恵泉《けいせん》女学園の創始者として活躍されました。

女性の人生の土台を

「人生」とは何でしょうか。

人生といえば「生まれてから死ぬまでの一生」とか、「人の生きている期間」という意味で理解されます。人生とは「私の人生」というように、限定された時間の中でのみとらえられる出来事ではなく、歴史の時間と空間の中でとらえて初めて意味のある出来事となると思っています。

ある人にとっては人生は九十年、あるいはそれ以上となりましょう。また、ある人にとってはその半分にも満たないこともありましょう。問題なのは、時間的長さではありません。「どのように生き、どのように社会とかかわり合いを持ち、どのように歴史の一時期を生きぬいたか」が評価の対象となるのです。

よく「男に生まれればよかった」とつぶやく人がいますが、女性として生きるのですから、女性である性をまず感謝して受けましょう。そうして、女性としてどのようにしてこれからの歴史を生きぬくか、しかも輝いていきいきと生きるかについて、しばらく考えてみましょう。

女性の生き方には大きく分けて三つの類型があります。

もっぱら経済的理由だけから仕事をするか、あるいは能力や適性に合った仕事に従事するか、その仕方は異にしていても、とにかく仕事を通じて社会とかかわり合いを持つ生き方をする第一類型と、職業を持たず経済的基礎の確保は夫に任せて家庭建設にのみ主婦として生きる第二類型と、職業を通じて社会とのかかわり合いを持ちつつ、妻であり母であろうとする生き方の第三類型に分けられます。

ある方は仕事に徹して、ある方は家庭婦人として、ある方は仕事と家庭を両立させつつ生きていかれるでしょう。将来どの類型の中で女性としての力を発揮させるかは、まだ定かではないと思います。

女性の社会進出が叫ばれている現在、第一類型か第三類型の生き方をする人のほうが、第二類型すなわち家庭婦人にのみとどまる人より進んでいると思いがちです。でも、はたしてそうでしょうか。

私は三人の子供も育て、仕事も長く続けてきまして、女性がどの類型の生き方をするかによっては優劣をつけることはできないと思っています。女性の就いている職種、夫の職種、老人や子供の状況など、女性の置かれている環境によってどうしても同一の生き方を設定できないからです。

この点は、男性のほとんどが仕事に就いて働くのと状況が異なります。

どの類型の中に置かれましても、これからの人生を支えることができるように生きてほしいと願ってやみません。

ポール・トゥルニエは『女性であること』（山口實訳　ヨルダン社）という書物の中で、近代の物質文明を作り上げてしまったのは、男性社会化を促した男性の責任であると述べ、「今こそ女性の出番である」と女性の愛に満ちた感性の必要性を強調しています。

どの類型に生きても、自信を持って女の出番として歴史を支えることができるためには、どうしたらよいでしょう。

それには自分自身をしっかりと位置づけていることと、何のために生きているかをまず把握することが大切なのです。

よく考えてみますと、この点が日本女性の最も不得意とするところではないかと思います。

私は若いころ、学生・妻・母という三様の生活パターンを通して、海の向こう側から日本文化をとらえ直す機会が与えられました。

西欧文化の中に身を置いてみて、日本人として感じ取った最も大きな違いは、日本がルネサンスと宗教改革を体験的に知らない国民であるということでした。

この是非についての議論はさておき、両者の精神構造を形成するのに、このことが大きく影響していることは確かでしょう。私は日本の女性が西欧人のようにならなければならないと言っているのではありません。国際人として世界の女性の一員として日本の女性が貢献するためには、どうしても検討しておかねばならない問題だと思っているのです。

この点について、二つの角度から考えてみます。まず日本女性がルネサンス的人間として「ひとり立ち」する必要性について、次に「ほんとうのひとり立ち」をする必要性について考えてみたいと思います。

ルネサンス的人間

それでは「ルネサンス的女性であってほしい」という第一のポイントからお話しいたしましょう。

ご存じのように、イタリアのフィレンツェを中心に展開されたルネサンスという現象は、近世の出発点として欠くことのできない出来事として評価されています。それはルネサンスが単に古代文化の再生にとどまらず、「世界と人間」を発見し、長い中世的価値観を打ち破って人間としての自覚を確立し、自己実現の道を開いたからです。

言葉を換えて言いますと、〝PERSONALITY〟人格の発見であるということができます。ルネサンス人の合言葉となりました「おおよそフマニオーラなるもの」とは、おおよそ人生的なものという意味で人格的な人間の発見という意味なのです。

私たち日本人の最も苦手とするところは、この〝PERSONALITY〟人格の発見ではないかと思います。多くの西欧の歴史家も日本文化と西欧文化の比較研究をしておりますが、その中で特に注目される見解は、西欧文化における〝PERSONALITY〟と、東洋文化における〝IMPERSONALITY〟の違いであるとの指摘です。すなわち「人格」と「非人格」の対比であると述べています。

私たち日本人は、なるべく自己をあからさまに表さないことが美徳と教えられてきました。ありのままの姿で表現することを避ける姿勢は、〝臭いものには蓋《ふた》をし、長いものに巻かれる〟という言葉によく表現されていると思います。

私が日本文明と西欧文明の違いについて長い外国生活で経験しました中から、強烈な印象を受けたことを、生きた西洋史の資料として少し挙げてみます。

私たちは留学中に学生結婚をし、ボストンで最初の子供が産まれました。

長い陣痛の時が終わって、けたたましい泣き声を聞きました。その時です。強そうでどことなく優しさに満ちたお医者さんが、へその緒もまだ切断されていないドロドロの汚い逆さまの赤ちゃんを、ドスンと私のお腹の上に置き、「この重みを生涯覚えていらっしゃい」と言われたのです。何事もありのまま受け止める西欧文化の一端に触れた思いがいたしました。

それから二年後、今度は日本の病院で二人の子供をお産しました。泣き声は聞きましたが、姿は全然見ませんでした。すべてが終わって数時間たってから、看護師さんが、真新しいサラシの着物に天花粉の香りのただよう、きれいな赤ちゃんを病室に連れて来られました。

日本人が西欧社会に学ばなければならないのは、ありのままの姿を理解し受け入れる姿勢です。自分の汚さを凝視できない弱さを私たちは持っているのです。自己を自己として見つめることをやめてしまい、かえって包み込んでしまうので、西欧人が分析するような、非人格的な性格が生まれるのではないかと思います。

これからの歴史を支え、また国際社会に生きる女性は、いま述べましたような西欧的原理を身につけ、自己表現・自己実現できる女性でなければならないと思うのです。

自己表現とは、利己主義とか個人主義とは異なります。自己実現とは、自分自身を徹底的に知り、良さは素直に良さとして認め、弱さ、自己の醜さは率直に徹底的に認め受け止めて、その上で人格形成をすることを意味します。

さらし布で幾重にも包み込まないありのままの姿で、自分をまた他人を受け止めることのできる、そのような意味でのルネサンス的女性、すなわち「ひとり立ち」した女性になってほしいと思うのです。「本音」と「建前」を上手に使い分ける日本人には、案外むずかしいのではないでしょうか。

ほんとうのひとり立ちを

私たち日本文化の特徴として、まず挙げられるのは集団性だと思います。みんなと同じだと安心し、どこか違うと恐れを感じる傾向があるのです。いつもパステル・カラーで塗りつぶしていたら、永久に自立できないでしょう。

あるときは厳しく原色で自分自身をみつめる時が必要です。自分自身のルネサンスが発見できたときが、素地が整った時と言えましょう。

初めに、人生では時間的長さが問題とされるのではなく、ひとりひとりの生き方が評価の対象になると申しました。

評価される人生を歩むためには、私たちは大切な決断を迫られています。女性の人生にとって二十代は最も悩み多き時代だと思います。仕事を選ぶ時、結婚の相手を選ぶ時、ほんとうに悩みます。

人生には思いもかけない出来事がいくらでも起きてきます。困難を避けてはだめ。敗北です。自分はだめなんだときめつけてしまっては、人生は開けていかない。向かって行く強さ、耐える強さがないとだめです。

この強さは、一八〇度の転回をなして歩み始めた時、私たちひとりひとりに与えられるのです。

パウロという人は新約聖書の三分の一にも及ぶ手紙を残しましたが、その中のコリント人への手紙第二の四章七節から九節までに、人生で最も力強い生き方をするのは、キリストだけを入れた土の器であると述べています。

土の器とは、私たちひとりひとりのことです。

見栄っ張りの女性、自分をより高く表現したい衝動を持っている女性にとっては、崩れやすい醜い土の器といっても、ピンとこないかもしれません。

生まれたばかりの赤ちゃんをきれいに洗って、真っ白なさらしの布に包んでから、対面したい日本人です。ドロドロとしたままの人格との対面を必要としています。まず、自分の弱さを認めることを聖書は迫ります。そうして、その壊れやすい、きゃしゃな土の器の中にキリストという宝を入れるように勧めます。その時、鉄よりも頑強な器となることを約束しています。

聖書はこう表現します。「私たちは、四方八方から苦しめられますが、窮することはありません。途方にくれていますが、行きづまることはありません。迫害されていますが、見捨てられることはありません。倒されますが、滅びません」（IIコリント四・八―九）と。なんとすばらしい約束でしょう。

第一類型、第二類型、第三類型のどの類型の生き方をしたかということによって、女性の人生の評価が決まるのではありません。ひとりひとりの置かれた事情によって違った類型の中を歩まれることでしょう。どの類型の中にあっても、種類は違っても同じように困難は尽きません。土の器が壊れてしまうか、新しいひびわれを作りながらも、ますます強くなる器であるかは、あなた次第です。

女性としてひとり立ちして行かれる前に、キリストを入れた土の器となっていただきたいと願ってやみません。この土の器はきっと皆さんの家庭の中で、妻として、母として輝くことでしょう。この土の器は社会の中で、キャリア・ウーマンとして輝くことでしょう。そうして冷たくなった社会に温かい愛のともしびをもたらすでしょう。

ナポレオンがセントヘレナ島で息を引き取る前に、「私の軍隊は滅びた。それだのにキリストの軍隊は今なお行進しているではないか」と叫んだと伝えられています。滅びの軍隊行進の中から一八〇度転回し、魂の宗教改革を若いうちに経験して、歴史の中の最も大切な行進に加わってくださることを願ってやみません。

多様なキャリアを生きぬく力を

私は一九五五年に東京女子大学を卒業しフルブライト奨学生として留学、同じ奨学生仲間と結婚、子供一人を連れて帰国、二十七歳で大学の仕事に就きました。

その後三人の子供の母に。子供を置いて仕事に出ると非難された時代、保育園もなく、信頼の置ける人の援助を得て乗り切りました。

「お金は後で返せるがチャンスは戻らない」を信念とし、継続可能な環境を整えてくれた夫に助けられ、何とか仕事を続けました。一九七七年、小中高の三人の子供を残して夫が急逝した時も、子育てと仕事生活から育《はぐく》まれた人間力で危機を乗り切ることが出来ました。

それから三十年近くの歴史は、女性のキャリアを法的に守る制度が次々につくられた時代です。一九八五年には男女雇用機会均等法が、一九九一年には育児介護休業法が、一九九九年には男女共同参画社会基本法が制定され女性の職域も拡大し、地位も上昇しました。

それでも世界水準からすると、日本の研究者層に占める女性の比率も、政策方針決定過程への女性参画率も低いのです（国連開発計画が発表した二〇〇四年のジェンダー・エンパワーメント指数は七八カ国中三十八位）。

政府機関も日本学術会議への女性会員比率を今後十年間で一〇％にすべく努力目標を立てたし、各分野での検討もなされつつあります。子育て支援も私の時代には考えられない程進歩しました。とは言え多くの課題をかかえています。

条件が揃うまで待っているのではなく、「社会を変革する」位の使命感をもって社会的責任を果たさなければ進歩は望めないと思っています。

女性にとってキャリアとは

最近世界的にキャリアという言葉が用いられていますが厳密な定義はありません。

キャリア先進国アメリカの専門家ホール氏などは「個人の主体性と長い人生における職業とのかかわりをキャリアと呼ぶ」と定義しました。

同志社大学の神谷雄績氏は「キャリアとはある人の人生における長期的な職業経験の軌跡とそれへの意味づけ、および職業プロセスを通じて形成された職業能力の集積である」と定義されました。

女性の場合、出産、育児の期間は人生のロスタイムではなく、貴重な「育自《いくじ》」の時でもあり、次のステップへの蓄積の時でもありますので、総合して定義する必要がありましょう。

そこで私は女性のキャリアを次のように定義したいと思います。「報酬が得られる職業に就いている時だけがキャリアではない。具体的に金銭化されない労働がある（主婦労働、ボランティア労働、文化生産労働など）。各個人が全生涯にわたって組み合わせて形成した労働生活全体がキャリアである」と。

私は自分のキャリアをどの様に形成するかは、ある意味では自己責任であると思っています。各個人の人間力が「ゆたかなキャリアを形成するかどうか」を決めるバロメーターとなりましょう。

ゆたかなキャリア形成を

労働の意味を明確に持つ時、人生のどの段階に生きていても自信が持て、ゆたかなキャリアを全うできましょう。男性も女性も共に多くの時間を働くために費やし、生きるために労働して一生を全うします。

古代ギリシャでは労働を奴隷および下層階級の人たちの仕事と低く位置づけ、中世では「労働と祈り」を最高であると、宗教改革時代には神からの召命（Calling, Beruf）と位置づけました。報酬が得られる労働・職業も Calling です。報酬を具体的に得られない子育ての時期および定年退職後の労働も Calling であります。

一人ひとりの生活条件の中で各々の組み合わせを形成して労働生活をつくり上げる時、ゆたかなキャリアが形成されるでしょう。この様なキャリア形成を可能にする労働環境が整備されるためにも更なる努力が必要です。

男性も女性も人格的には平等なのですから、ゆたかなキャリアを形成するためには、女性も自信をもって社会的責任を果たすべきです。

それを可能にするのは人間力です。上司に管理職を勧められた時、「引き受ける」と答える女性は一八・七%、男性五一・一%。辞退する理由で最も多いのは「現在の自分の能力では自信がない」です（二〇〇五年東京都男女雇用平等参画状況調査）。

良妻賢母思想がかたちを変えて現代女性の内面に息づいている様に思えてならないのです。東京女子大学の初代学長の新渡戸稲造先生は「Personality（人格）のないところにはResponsibility（責任）は生じない」と学生たちに言われました。人格が確立され、社会で責任が取れる女性でなければ、多様性のある女性のキャリアを全うすることは不可能でしょう。

女性が多様なキャリアを生きぬくためには、子育て期の社会的支援の充実、職業的スキルの習得、語学力の向上など求められる条件はたくさんあります。しかし最も大切なことは「人間力のある女性」に成長することです。

第五章　日本の女性教育

「専門性のある教養人」を目指して

私は、戦後間もない頃、神戸から一人で夜行列車に十数時間揺られて上京し、東京女子大学の入学式に出席しました。五十八年前です。焼け跡があちこちに残り、食料も十分でなく、まだ冷蔵庫も、洗濯機も掃除機もなく、食べること、学ぶこと、すべてにおいてハングリーな時代でした。当時地方から東京の大学を受験する女性は、二％位しかおりませんでした。

校門を入ったあの感動的な風景は、今とまったく変わりません。アントニン・レーモンド設計による本館の壁には、ラテン語で大きくQUAECUNQUE SUNT VERA「すべて真実なこと」と本学の標語が刻まれていました。

高校時代の勉強では、学校側で用意した時間割に従って授業が進められ、自由選択の範囲は大学の様に広くありません。初代学長・新渡戸稲造先生は「大学の使命」について、次の様に述べました。

大学の目指すところは人の心を「リベラライズ（自由に）し」、「エマンシペイト（解放）する」ことであると。皆様がこれまでもって来た既成概念から一旦自由にされ、解放されて、広い視点と視野をもって学びを広げてほしいのです。

目標は「専門性のある教養人」になることにあります。

自由で、創造性にあふれる学びは、複眼的視野を育てます。

女性の全人生の基礎を築く実に大切な一日一日です。単に知識や技術だけを身につけた狭い視野の人材となるのではなく、人間とは何か、生きる目的とは何かを追求し続け、判断力、決断力を養い、どんな困難にぶつかってもそれを克服できる人間力、生きる力を備え、どの様な時にも責任のある行動を毅然《きぜん》として取ることができる人物に成長してほしいものです。

未知の世界に挑戦すればするほど、障害物につきあたります。ホイットマンは、「寒さにふるえた者ほど太陽をあたたかく感じる。人生の悩みをくぐった者ほど生命の尊さを知る」と述べました。きっと次々に困難にぶつかるでしょう。すぐに諦めないでください。頂上は一つでも山に登る道はたくさんあります。もう一つの道から挑戦すればよいのです。トンネルの中にしゃがみ込んでしまえば、向こうに見える明かりには出られません。一歩進んで半歩下がっても半歩進んでいるではありませんか。

何事も積極的に求める時、人生は必ず開けて行きます。

「求めなさい。そうすれば、与えられる。探しなさい。そうすれば見つかる。門をたたきなさい。そうすれば開かれる」（マタイによる福音書第七章七節）と聖書にあります。「求めなさい。探しなさい。門をたたきなさい」は、すべてギリシャ語の原語では現在形で書かれています。

それは、「求め続けなさい。探し続けなさい。門をたたき続けなさい」という意味です。困難に直面した時、打ちひしがれて立ち上がれない時、それでも諦めないでください。諦めた時、達成の喜びも消滅します。それと、教養を身につけてほしい。私は教養とはひと言で表現すれば「生きる力」であると答えます。

東京女子大学学長室には大英博物館展で求めたA・デューラーの銅版画が置いてあります。それは一五一四年、宗教改革の激動の時代にデューラーが製作したメランコリアという作品です。

私が若かった頃、ロンドンの大英博物館を訪れたことがありますが、その時はロゼッタ石に夢中でメランコリアの中に描かれている異様な目つきの女性を見て、心の悩みを意味するのかしらと単純な感想しか持たなかったことを思い出します。

それから半世紀、女性のキャリアを生きぬいて、これこそ激動の時代を生きぬく女性像であることに気付いたのです。大英博物館をもう一度訪ねたいと強く思う様になっていた時に、何と上野で二〇〇三年に大英博物館展が開催され、デューラーのメランコリアが日本にやって来たのです。

激務の中、足をのばす機会がなかったのですが、最終日、三時間半雨の中を並んで入場できました。大英博物館から持って来たという版画（レプリカ）を買い求めることもできました。いま学長室に置いてあります。

コンパスを左膝に立て、鋸を左足元に置き、天秤と砂時計を背景に、天使の翼をつけた鋭い目の女性像が描き出されています。壁には一五一四年と刻まれています。奥にははしごが、そしてさらにその奥には虹が描かれています。

このメランコリアについては多くの批評家や美術史家が、「精神的悩み」を表すとか、アリストテレスを引用して「真摯で精神的創造力を具《そな》えた素質」を表すとか、「女性の精神的創造力」を表すとか議論しています。

秤とコンパスから時代を見据えて何をなすべきかを的確に計り、周囲の状況に惑わされず的確に判断を下し、決断すべきは決断し、鋸が示すようにその決断を現実に遂行するために切断できる女性、そうして社会の様々な状況の中で責任が取れる女性、それでいて天使の翼が示す様なやさしさと仕える心を忘れない女性を表していると理解しています。

下村耕史氏は『アルブレヒト・デューラーの芸術』という書物の中で、「銅版画のメランコリアのポーズには、より良きものを実現しようとして霊感の下るのを待ち構える者の緊張が感じられる」と結んでいる言葉からも、なぜデューラーが天上と地上を結ぶ象徴として、「ヤコブの梯子」（創世記第二八章一二節）と「ノアの虹《にじ》」（創世記第九章一三節）を思わせる構図を背景にしたかが読み取れます。

私たちの生きる世界はいつの時代においても、困難と問題と障害の山です。どの様な障害をも乗り越えて前進する「生きる力」を養う教育がリベラル・アーツ教育であり、教養教育です。判断力・決断力・切断力をもち、それでいて天使の翼を備え、やさしさと寛容な精神にみちた女性に成長して欲しいものです。

二十一世紀が求める「教養ある専門人」

二十一世紀は「知的基盤社会」の構築に向けて、今までにも増して、国際社会に通用する専門知識やスキルが求められる時代となって来ました。

国際化が進む現代社会においては、専門知識やスキルを身に付けていなければ国際社会に通用しない時代となって来ました。学問研究分野だけでなくビジネス、行政、政治の世界でもインターナショナルな激論の中に放り込まれて、自分の立場、主張を明確に示さなければならない機会が増えて来ました。

自由と責任、権利と義務、競争と共生、主体性と協調性など、相対する諸問題の調和をはかりつつ、自己の主張を明確に指し示すためには、教養に裏打ちされた専門知識が必要とされましょう。

新渡戸稲造は『随想録』で、「教養は教育における遠心力であり、専門教育は求心力である。この二つの力が正しい比例を保って協力してこそ、均衡のとれた人の心の発達が期待される」と、また『内観外望』「大学教育の使命」で、「学問の第一の目的は心をリベライズ（自由）にするといふこと、エマンシペイト（解放）することである」と述べました。リベラル・アーツ教育、教養教育とは、社会、国家、世界という公共世界の中で自己確立して生きる人格、個、私を育てる教育です。揺るぎない世界観、歴史観、死生観をもって自分の存在を位置づけ、生きるための「ものの見方」「力」を養う教育でもあります。

「教養ある専門人」として

人間教育と人格教育は違います。

「人」の「間」即ち横関係でのみ自己確立しようとする時、必ず基準は情況によってぶれます。

新渡戸稲造は、垂直的縦関係 Vertical Relation による人格形成を説かれました。すなわち、「人はどこか動じないところ、譲れぬところ、断固とした信念がなければならない。人格神との関係性、対話性の中に人格は形成される」と。先生が一高の校長を辞する時生徒達に「Personality（人格）のないところには Responsibility（責任）は生じない」と言われましたが、リベラル・アーツ教育の目標が込められています。

「人格者」とは、知識人でも、名声の高い人でも、地位の高い人でもなく、他者を受容し、「犠牲と奉仕」の精神をもって社会において責任を果たし得る人物です。

すなわち、知識だけを誇る人材ではなく、知識（Knowledge）を英知（Wisdom）にまで変えていく人物の育成です。

日露戦争の勝利の直後、日本に「身を立て名を挙げ、やよ励めよ」の気風が世に満ちていたころ、新渡戸は「to know（知ること）だけでは十分ではない。to do（それを実行すること）が大切である。しかし、最も大切なことは to be（あなたがあなたとして存在すること）である」と説かれました。

「精神の起業家」として

新渡戸の教養論、人格論に最も大きな影響を受け時代の人となった「教養ある専門人」に南原繁がいます。南原繁は一九〇七年（明治四十年）十七歳の時、四国から上京して第一高等学校に入学、当時校長だった新渡戸から多大の影響を受け、私は「精神の起業家」となった人だと思っています。

日本はいわゆる大正デモクラシーのあと昭和に入り、軍部が急速に力を強め、ファシズムが台頭してきました。一九三一年（昭和六年）の満州事変の勃発《ぼっぱつ》の頃には、軍部の台頭により日本は急速に軍国主義に傾き、平和主義からも、民主主義からも離れていった時代です。

日米間の対立の溝は深まり、日本は一九三三年（昭和八年）ついに国際連盟を脱退しました。国際的に決定的な孤立に陥り、アメリカからも日本からも非難を受けつつも、新渡戸は太平洋の両面交通のために努力を惜しまず、カナダのバンフで開催された第五回太平洋会議に出席後客死しました。

もしここで人格教育の歴史が終わっていたら現代史は異なっていたと思います。新渡戸の薫陶を受けた南原繁は「精神の起業家」として時代をリードしたのです。一九四五年（昭和二十年）三月十日の東京大空襲の後、「洞窟の哲人」を捨て東大法学部学部長となり、「降伏の条件」など、終戦工作に動き出したのです。

八月には敗戦。十一月には、新渡戸の弟子、矢内原忠雄も東大教授に復帰、経済学部の再建に尽力しました。十二月には、南原繁は東大の総長となり時代をリードしたのです。これは東大だけの出来事ではなく、敗戦によって精神的廃墟と化した日本の復興のために特別な意味をもっていました。

南原繁は戦後の教育刷新委員会で委員長をつとめ、新憲法の下に教育基本法の制定に尽力しました。敗戦の日本を復興に導いた人々の中には、新渡戸の弟子が多かったことを忘れてはならないと思っています。日高第四郎、前田多門、安部能成、河井道らはみな新渡戸の弟子です。

私がいる東京女子大学は、新渡戸稲造を学長に迎えて創立されて九〇周年を迎えています。

女子教育

私は女学校で軍国主義教育を、敗戦後しばらくして女子大学でキリスト教教育を受けました。若き日に「女性の自己確立とキャリア探求」の重要性に目覚めることによって、私の人生は大きく変わりました。

育児休暇も保育園もなく、子供を置いて仕事に出ると批判された時代に職に就きました。

女子教育には、四つの視点があります。第一に「キリスト教女子教育は私に何を教えたか」、第二に「近代日本形成期の女子教育」について、第三に「キリスト教女子教育の理念とは」、第四に「今、あえて何故女子教育か」です。

①女性である前に人として存在すること

五代目のクリスチャンとして入学した私は最初のキリスト教学のクラスがとても楽しみでした。礼拝の説教ではなく、キリスト教を「学問」として学ぶことへの期待があったからです。

北森嘉蔵先生によるキリスト教学の最初の授業が、失楽園後の家庭悲劇、カインによるアベル殺害事件から始められたことに驚きました。

旧約聖書に登場する人類最初の家族はアダムとエバの家庭です。長男カインが次男アベルを殺害するという、現代風に表現するならば家庭内暴力の悲劇が記されています。

アベルを野原に誘い出そうとした時、カインは「あなたは罪を治めなければなりません（口語訳）」という神の声を聞いたのですが、むらむらと湧き上がる思いを治め制することができず殺害に及びました。殺人にまで及ばなくも他者を赦すことができずに妬み、恨む人間の姿に、いえ自分の姿に気づかされた瞬間でした。いつの時代も社会は闘いの現場です。人と人、民族と民族、国と国。すべては「自分を治め、制すること」に解決の鍵のあることに気づかされた授業でした。男性であるとか女性であるという性差を越えて、まず「人としていかに存在すべきか」に目覚めた瞬間でした。

②リベラル・アーツ教育による「人生テーマ」

一九五一年、敗戦間もない頃、神戸から上京して入学し、最初の英語の授業でリベラル・アーツという言葉に接し戸惑ったことを思い出します。東京女子大学の設立者の一人A・K・ライシャワー先生が書かれた“Our College”というテキストは、「私たちの大学はリベラル・アーツ大学です」“Our college is a liberal arts college” から始まっていました。

二〇〇二年二月中央教育審議会による答申が出されて以来、リベラル・アーツ教育が急速に世に問われ始めましたが、実は日本のキリスト教学校、特に女子教育機関にリベラル・アーツ教育は早くから地下水のように流れていました。

新渡戸稲造はリベラル・アーツ教育について『内観外望』の中で「学問の第一の目的は人の心をリベラライズするということ、エマンシペイトすることである」と述べておられます。

戦火の中で九死に一生を得た私は、軍国主義教育の後遺症から自由に（リベラライズ）され、既成概念から解放（エマンシペイト）されて、学問する喜びを啓蒙《けいもう》されました。リベラル・アーツ教育の目標は、「知識や技術だけを身につけた狭い視野の人材を育てるのではなく、人間とは何か、生きる目的とは何かを追求し、判断力、決断力を養い、困難を克服できる人間力を備え、社会の中で責任ある行動を毅然として取り得る人物を育てる」ことです。

③キャリアモデルとの出会い

当時のキャンパスには、輝いて仕事をしておられた外国人女性教師や、外国で教育を受け自立した先輩教師がたくさんおられました。

日本で女性参政権が行使されたのは一九四六年ですが、アメリカでは二十六年前の一九二〇年に行使されておりましたから、既に多くの女性リーダーが育っていました。キャンパスを颯爽《さっそう》と行きかうキャリアモデルに出会えたことは私の新しい人生の始まりでした。

それ以来日本各地にあるキリスト教女子教育機関から、今日に至るまでに多くの自立した女性たちが育てられて来ました。共学志向の今日におきましても、なお女子教育機関として存在する意味は大きいと確信致しています。

プロテスタントが日本に伝播《でんぱ》されて二〇〇九年で一五〇年になりますが、現代においてもあえて女子教育機関が日本において必要である理由を歴史的事情を分析しながら考えてみたいと思います。

近代日本形成期の女性教育

①明治初期なぜ女子教育機関が多数設立されたか

一八五三年（嘉永六年）にペリーが浦賀に来航し、続いて一八五九年にはプロテスタント諸教派の宣教師が長崎、横浜に来日しました。日本は明治維新を境にして一気に西欧文明の嵐の中に入り、明治政府は近代国家機構や資本主義体制など多くの改革を余儀なくされました。

しかし家制度だけは存続させたのです。家制度は家父長制を残すものであり、家父長は国家に従属する関係で、「公《おおやけ》」すなわち国家のもとに「私・個」が埋没してしまう社会通念をつくり上げました。家父長制度のもとにおける妻の存在、女の地位は低いものとなりました。

一八七一年には壬申戸籍が出され、それに対して森有礼が一八七五年に「妻妾論」を世に出していることからも当時の事情を垣間見ることができます。一個の女性としての人格が確立されていなかった時代に、多くの宣教師や教育者が来日し、キリスト教教育機関を設立したことは日本の女子教育に大きな影響を与えました。

明治政府も近代国家と社会を建設するために教育の役割を早くから認識し、一八七一年（明治四年）には文部省官立女学校計画布告を出し、一八七五年（明治八年）には東京神田に女子師範学校（後のお茶の水女子大学）を開設しました。

一方、宣教師たちの私立学校設立の努力も大きく、一八七〇年（明治三年）にはフェリス和英女学校が、一八七一年（明治四年）には共立女学校（横浜共立学園）が、一八七四年（明治七年）には青山女子小学校が、一八七五年（明治八年）には神戸ホーム（神戸女学院）、立教女学院が設立されました。

一八七四年（明治七年）に提出された官公、私立の統計によりますと当時三十二の中学で男子生徒三、一二五名に対してわずか二八名が女子生徒でしたが、一八七九年（明治十二年）には二、七四七名と飛躍的に増加しています。これは女子中等教育が実際には私立学校によって大きく推進されていることを示しています。

さらに一八八四年（明治十七年）には東洋英和が、一八八五年（明治十八年）には福岡女学院が、一八八六年（明治十九年）には広島女学院、宮城女学校が、一八九〇年（明治二十三年）には女子学院が次々に創立され、女子教育はますます盛んになりました。

二十世紀に入りますと、キリスト教を基盤としたリベラル・アーツ教育機関である私立女子大学が次々に設立され、女子教育のレベルが急速に向上し、より自立した女性が育成されるようになりました。

一九〇〇年（明治三十三年）には津田梅子により女子英学塾（後の津田塾大学）が、一九〇一年（明治三十四年）には成瀬仁蔵により日本女子大学校（後の日本女子大学）が、一九一八年（大正七年）には新渡戸稲造を初代学長に、安井てつを初代学監に迎えて東京女子大学が設立され、日本の女子教育に大きな影響を与えました。

②女子教育の先覚者新渡戸稲造と日本人女性教育者たち

日本のキリスト教教育機関の創立にあたっては、宣教師による女子教育への貢献を忘れてはなりませんが、日本人女性教育者の育成に少なからず影響を与えた新渡戸稲造の存在も心に留めるべきだと思っております。

新渡戸稲造は一九一七年『婦人に勧めて』を世に出し、「所謂《いわゆる》良妻賢母主義は、人間を一種の型にはめ込むようなものである。日本の女子教育は、女を妻か、母か、娘かいずれにしてもひとり立ちの人間らしくない男の付属品のごとく見ている。一個の人間として立派に出来上がった婦人（人格）ならば、妻としては良妻、母としては賢母である」と男性と女性の人格の平等性を世に訴えています。

津田塾大学の津田梅子、東京女子大学の安井てつ、恵泉女学園の河井道は、新渡戸稲造の女子人格論の影響を何らかの形で受け、自己確立して、女子教育の指導者となった女性たちといえましょう。

しかし昭和に入ってからは、一九二九年（昭和四年）伊藤静江による大和学園高等女学校の設立、一九三四年（昭和九年）江角ヤスによる長崎純心高等女学校の設立など女性指導者による活躍が目立ちます。現代ではカトリックの方が女性校長が活躍しています。

キリスト教女子教育の理念とは

①人格の形成を目指す教育

キリスト教学校の建学の精神には、必ず、人格教育という言葉が出ています。人格教育とは具体的にどのような教育をいうのでしょうか。「人間教育」と「人格教育」はどのように異なるのでしょうか。大変重要な問題です。

近代日本形成期に宣教師たちが説き、また新渡戸稲造が説いた女子教育の理念は、二十一世紀女子教育の原点でもあります。新渡戸先生は、「全ての人間は女も子供も、障害者も神により創造され、限りなく尊いのであり、女は決して子を生む道具ではなく、人格として男と同様育成されるべきこと」を説きました。

人格とはラテン語でペルソナといいますが、もともとの意味は演劇の登場人物に一定の役割を与える、役をつける仮面という意味があります。

倫理学では道徳的価値のある人間を指すのが人格です。最近では心理学的に人格が論ぜられています。

私たちは人格の概念を近代に始まるという西欧的視点から理解しがちですが、実は、聖書の時代から育まれた概念です。Persona という言葉は二世紀の教父テルトゥリアヌスがはじめて用いた用語であり、三位一体の神の位格を表わす用語です。父なる神、子なる神、聖霊なる神がそれぞれ位格 Persona をもち、他と区別されつつも愛によって交わって一つの神、三位一体の神であるその関係に似せて、人も（男も女も）神と交われる存在としてつくられたということが重要です。

人は動物と異なり神と人格的に交われる存在につくられたのです。創造主・神・主（どの様な言葉で表わして下さっても結構ですが）、その縦の関係があって人格は形成されるという理念を新渡戸先生は女子教育の根本に置きました。縦軸、Vertical Relation があってはじめて人格形成が可能であると。先生は、「人はどこか動じないところ、譲れぬところ、断固とした信念がなければならない」とされています。

私は四十年以上仕事をいたしておりますが、仕事に向かう時は女であるとか男であるとかいう意識はありません。校門を入ったとたん、Persona、人として存在し、神とのVertical Relation の中に一日の仕事を全うします。人間として「人と人の間」でのみ生きる時、決断はぶれます。

しかし、どんなに孤独であっても、天を相手とする時、断固とした信念を持つことが可能となります。「一人称で語れる自分」、人格の形成と言えましょう。人格が形成される時はじめて責任ある行動が可能となります。新渡戸稲造が一高校長を辞す時学生たちに述べた言葉は私の座右の銘となっています。「Personality（人格）のないところにはResponsibility（責任）は生じない」。キリスト教学校における最も大切な教育理念は、社会において責任を全うすることの出来る人格を育成することであると言えます。本当の意味でぶれない自己、縦軸に位置づけられた自己の形成はキリスト教学校で可能とされると思います。

②生きる力を養う教育

私は三人の子供を育てながら仕事を続けましたので、私のこれまでの人生は闘いだったと言えましょう。家庭と育児を優先させて仕事を減らした時期もありました。仕事から離れていた間は社会からどんどん取り残されて行く様な焦りを感じたこともありました。

しかし、多様なキャリアを生きぬく視点を見出した時、女性の一生をいきいきと生きる力が湧いて来ました。

最近世界的にキャリアという言葉が用いられていますが厳密な定義はありません。ある先生は「キャリアとはある人の人生における長期的な職業経験の軌跡とそれへの意味づけ」と定義されていますが、私は、自分の経験から女性の場合は出産、育児の期間は人生のロスタイムではなく、貴重な「育自《いくじ》」の時でもあり、次のステップへの蓄積の時であるので、総合して定義する必要があると思っています。

私はキャリアを次の様に定義したいと思います。「報酬が得られる職業に就いている時だけがキャリアではない。具体的に金銭化されない労働がある（主婦労働・ボランティア労働、文化生産労働など）。各個人が全生涯にわたって組み合わせて形成した労働生活全体がキャリアである」と。

今、あえて女子教育か

①男女共同参画時代に真の人格論を発信

新渡戸は、『人生雑感』において、「婦人をして真の位置を獲得せしむるために百年間の準備が必要である」と述べていますが、二十一世紀男女共同参画時代を実現するためには、時間と意識改革が必要です。

最近女性学よりも、ジェンダー論が主流になって来ました。男性も視野に入れ、女性性、男性性は性別によってあらかじめ定められるのではなく、歴史・社会・文化の中で形成されるという出発点から研究を進めるジェンダー論が強調されるようになりました。私は、真の男女共同参画時代を樹立するためには、歴史学的、社会学的視点に先立って、「男性も女性も人格として創造された」とする神学的人間論から始める必要があると思っています。

②人間力のあるリーダーを育成

最近良妻賢母思想がかたちを変えて現代女性の内面に息づいている様に思えてなりませ

ん。女性同士ですと何事に対しても甘えはなく、むしろ厳しさがあり、かえって自信とリーダーシップが育ちます。

甘えから解放されて、どの様な状況に置かれても責任が取れる人間力のある女性でなければ多様性のある女性のキャリアを全うすることは不可能でしょう。キリスト教に立脚したリベラル・アーツ教育、人格教育は、それを可能にするのです。

③女性の一生涯を視野に入れたプロジェクトを組む

男性がどんなに努力しても交替出来ないことは、妊娠してからの十ヵ月の子育てと出産、及び出産後の授乳です。はじめて地球世界の空気を胸一杯に吸い込んだ赤ちゃんは、全く時限の違う世界に放り出されたのです。

安心させるために私はいつも左側から授乳していました。

聞き覚えのあるお母さんの心臓の音を聞いて安心するからです。三人の子育てをしましたから数年間は仕事を減らさなければなりませんでした。私はそれをロスタイムとは思っておりません。むしろ育児《いくじ》によって育自《いくじ》された貴重な時間でした。忍耐と寛容を学びました。

子供たちが自立して行く年齢になりますと時間はつくれせます。その時もう一度大学にもどってリフレッシュし、自分の能力開発が出来たら、次の歩みに必ずつながりましょう。定年後からの学びではなく、人生半ばにおける学びには勢いがあります。

女性の多様なライフサイクルの中で可能となるプロジェクトがある筈です。

④途上国の女子教育へのミッション（使命）に参画

明治・大正時代の女子教育機関の創立に当たっては西欧諸国から計り知れない援助を受けたことを考える時に、私たちは途上国の女子教育の発展のために力を結集する時だと考えます。

二〇〇二年四月に五女子大学の学長（津田塾、お茶の水女子、奈良女子、日本女子、東京女子大学）が集まり、アフガニスタン女子教育支援コンソーシアムを立ち上げ、毎年アフガニスタンから女子教育者を招いて交流を深めておりますが、カトリック・プロテスタントの女子大学が結集して、途上国への女子教育支援活動に広げたいと願っています。

女子教育が国を救い、平和を構築する原動力となると確信しています。

私の次のビジョンは途上国にキリスト教を基盤としたリベラル・アーツ女子教育機関を

設立することです。宇宙飛行士毛利衛氏が地球に戻られた時の第一声は、「地球には国境はなかった」でした。「平和をつくり出す人はさいわいです」（口語訳　マタイによる福音書第五章九節）とありますように、平和は人格形成された個と個の結びつきにより「つくり出される」ものです。

男性の方が歴史的に闘争心が強いと思っています。自立した女性の存在が世界を明るくするはずです。

第六章　私のひとり立ちへの旅

生きることに目覚めたとき

じっと目を閉じていると、敗戦間近のころ、千葉県の検見川《けみがわ》にかかっている両側に柵《さく》もない、線路だけの丸裸の橋を、しがみつきながら渡っている少女の姿が浮かび上がってきます。

一九四五年、当時千葉県立高等女学校の一年生（現在の中学一年生）だった私は、千葉の大空襲に遭い、校庭の防空壕《ぼうくうごう》の中に生き埋めとなりました。その日、校長先生やたくさんの友人が亡くなった。亡くなられた方々の名前を刻んだ記念碑が千葉駅近くの公園に造られたと聞かされました。

瓦礫《がれき》と焼けこげた人体が辺りに転がり、たとえようもない強烈な異臭の漂う道を駅までなんとか、たどり着いたのです。電車が動いているはずはない。線路づたいに幕張まで歩くことにした。はるか下のほうをゴウゴウと流れる検見川の上で、枕木《まくらぎ》から枕木に踏み出す足が硬直して、前に進めなくなる。この時に、私を支えてくれたのは、祖母の「生きていなければならない！」ということばでした。

このことがあった一か月ほど前のことでしたが、学校で兵隊さんの悲惨な様子を知らされました。私は二歳上の姉と相談して、従軍看護婦に志願しようと決意したのです。当時父が海軍司政官（医師）としてセレベス島に派遣されていたため、留守家族の父親役は祖母が果たしていました。この祖母から、ものすごい見幕でどなられ、志願を取りやめさせられたのです。「いのちあっての人生です。生きていなければならない！」と。これは、〝生きる〟ということが、ただ毎日の衣食住の生活とは違った次元で受け止められた最初の経験でありました。

非常に厳粛な気持ちにさせられ、言いようのない感動を受けたのです。いのちの尊さを感じ始めた最初ではないかと思う。とにかく生まれて初めて、私は消極的な殻を自分の手で破り始めたのでした。負けてはいけない。積極的に前に進まなくてはいけない。その当時の私には、目標は判然とはしなかったが、とにかく、強烈にそう思ったのです。

この祖母は厳格なクリスチャンでした。朝四時に起きて一人で聖書を読んでいました。「生きなければならない！」祖母の毅然《きぜん》としたことばの裏に何があったのか、だいぶ後になってわかってきました。

私という人間は、世界にただ一人しかいない存在であることに気づき、今まで心の奥に眠っていたものが目覚め始めたのを感じました。いつも消極的で泣いてばかりいた幼稚園時代、教室の片すみでしょんぼりしていた小学生時代。私は全く目立たない、自信のない女の子でした。

しかしそんな私が自分の存在の尊さに気づき始め、自己主張、自己表現していく様は、自分でも驚くほどでした。性格も底抜けに明るい子に変わっていった。女学校一年生のころは、私のひとり立ちへの旅が始まった第二の誕生の時ではないかと思います。

女性も高等教育を受けるべき

祖母はさることながら、母も大変教育熱心だった。神戸から千葉に疎開したころの家は狭く、家族五人が生活するのがやっとでした。明日の生命も保障されていない戦争のさなかにもかかわらず、母は近所にもう一間借りてきた。兄弟四人の勉強部屋にするためでした。やがて空襲が激しくなって、この部屋を利用する回数も減ってしまったが、どのような状況でも学び続ける姿勢だけは四人の子供たちの心の中に残されました。

女学校一年の八月。ついに戦争は終わりました。数か月して、戦死したのではないかと心配されていた父が帰って来た。父は兵庫県衛生研究所の所長として神戸に帰ることになり、疎開先から須磨《すま》の地に移る見通しが立ちました。戦後の混乱状態では、汽車に乗るのは全く不可能であったため、女学校三年の姉と私と父の三人が取りあえず神戸に帰ることになりました。横浜港から三日かけて、荷物船に揺られて神戸港にたどりついたのです。戦時中の勉強部屋の件にしても、終戦直後の神戸行きの難行苦行の旅にしても、当時はその意味を知る由もなかったですが、私が三人の子供の母となり、特に娘の将来を考える段階となって初めて、その意味がわかってきました。

私の両親は、女の子に教育は不必要だなどと考えたことは一度もありません。女としての身だしなみ、家庭教育についてはは殊のほか厳しかったけれども、学問することに関しては全く男女を差別しなかった。許されるかぎりを尽くして勉学の場を整えてくれたのです。クリスチャンである両親にとって、男も女も同じ人格をもった人間として神によって創造されていて、全く平等であるととらえられていたからでしょう。女性としての人格を認めて、教育されたことに対して限りない感謝の思いをもつものです。

田舎から久し振りに都会に帰ってみると、勉強の面で後れが目立った。しかし空襲警報のサイレンを聞くこともなく、機銃掃射から逃げ惑う必要もなく、じっと座って一日中勉強できました。とにかく県立第二高女（現、夢野台高校）の編入試験を受けるために勉強を始めた。たぶん私の生涯で最も真剣に勉強した時ではないかと思います。

夕食後、姉と私が向かい合いになるように机を置き、その真ん中に父が座るのが常だった。父を「生き字引」と呼んで、わからなくなると声をかけるのです。声がかかるまで、父はいつも真ん中で、聖書を読んでいた。日中の仕事の疲れのため、聖書をひざに置いて居眠りしていることもよくあった。私は、何気無い日常生活の中から、聖書に親しむ姿勢を身につけていくことができたのです。

このような家庭環境の中から、私はおのずからキリスト教主義の東京女子大学に入学することとなりました。そうして、休暇になるたびに、神戸に帰り、家庭教育を受けた。家族とともに教会生活を送ることはもちろんのこと、買い物、掃除、洗濯、料理、子守り、ひいてはふとん作りに至るまで母と一緒にやりました。母は、「勉強ができても、女としての基本的な生活訓練がなければ、その勉強は何の役にも立たない」と口ぐせのように言っていました。事実、留学中に同じ留学生仲間と結婚し、ボストンで一児を与えられたときにも、私は何のとまどいもなく、最初の出産を乗り越えることができたのです。

また知ったか振りの姿勢をとると父に叱《しか》られた。あるとき父は、「知る」ということは、「知らない」ということを「知る」ことであるとおもしろい命題を話してくれました。新しい知識を一つ与えられると必ず、その周辺の十ぐらいの諸問題がわからないことに気づかされる。そのうちの一つを学ぶと、また新しい未知の世界が開けてくるのです。結局学ぶことは、自分がいかに無知であるかを知ることです。女性は、もっともっと勉強して、ほんとうの意味の謙虚さが身につけられるように心がけたいと思ったのです。

よく女だからこの仕事はやめたほうがいいとか、この仕事のほうが向いているのではないかといった会話を耳にする。あまり人の意見に左右されないで、まず自分が何に向いているか、自分自身と対話してみることから始めるべきだと思います。その意味でもほんとうのひとり立ちができていなければならないのです。

私は大学の四年間の学部や学科で将来が決まってしまうとは思わない。何の分野であっても、学びの方法を会得させる所が大学であると思っている。一つの分野に入り込むことのできた人は必ず、新しい問題を展開する術《すべ》を身につける。化学であれ、歴史であれ、対象は問題ではない。

もちろん一人一人好みはあるが。これを修得した人は、結婚してからも、新しい分野を開拓することができる。開拓の意欲と方法論を身につけるのが大学という場だと学生には話しています。

女性は結婚すると、男性に比べて生活が激変する。結婚前には、二十四時間を独り占めできるが、結婚すると、夫、子供、姑《しゅうとめ》などとのかかわり合いの中でしか自分の時間を見《み》出《いだ》せなくなるからです。このような状況の中で、どのように開拓していくかは、その人の生きがいにつながる。夫にぐちを言う前に、自分で処理する新しい道を開拓すべきです。女子の高等教育は、不必要どころか、自らを知り、自らを制し、自らの道を開拓するためにも必須《ひっす》なのです。

進路決定は長期戦で

高校時代は、自分が何に向いているか、また何をやりたいか、人生をどう生きたいか、など、模索しながらも、おぼろげながら方向を定める時代でしょう。若いころは人生の青写真を手にしたいとあせる。いくつになっても自分の青写真は完成されないのだから、人生はまさに白地図を試行錯誤しながら、少しずつぬりつぶしていくようなものです。

未知の世界が洋々と広がる青春時代の真っただ中にあるときは、ずっと将来の事よりも、現在直面している問題のほうがより切実で深い関心事となる。しかしこの時期に、一生涯、社会に貢献できる分野が何かを模索し始める必要があると思っています。親の希望や、偏差値によって大学・学部を選ぶのではなく、自分が何をやりたいかによってそれらを選択すべきです。自分がどう生きるかなのです。

学校を卒業すると、何となく取り残されるような気がして、あせって結婚してしまう。そして、夫は仕事、仕事で忙しい。子育てに生きがいを見出し何とか毎日を過ごす。しかし子供も大きくなって、やがて母親から巣立っていく。その時になって、これからどうしようなどと言わないためにも、生涯少しずつ積み上げられる何かを見出しておきたいものです。

高校時代は可能性への追求熱が異常に高まってくる時代です。まして、戦争を生き延びた私たちの年代にはすさまじいものがあった。クラブ活動で演劇に凝っていた私は、それを本格的にやってみたかったし、一方、医者にもなりたかった。夢はますますふくらみ、末広がりの状態でした。

そこでまず人生の目標を立ててみることから始めたい。それには、まず自分をよく知ることが大切である。なぜ私がこの世に存在しているのか、女性であることにはどういう意味があるのか、自分にはどういう能力があるのか、どういう性格かを謙虚に見つめてみる。つまりほんとうに自分が望んでいるものは何かということを、自分と向き合って対話してみるのです。自分がなりたい、進みたいと思う方向を、思いのまま書き並べてみる。自分との対話なのだから、ブリッ子だの、大げさだのと心配する必要はないわけです。

私は、医者、女優、大学教授、保母、高校教師、秘書……とじっとリストを眺めているときに、自分が、女という性を生かしながら常に人と接することができる職業につきたいと思っていることに気づいた。

しかし、具体的な分野まで設定するところまではいかなかった。リストの中で最後まで残された医者か教師かの選択を迫られたが、医者は健康的・経済的理由と性格的適性の問題から断念した。母の瘭疽《ひょうそ》の小さな手術を見ただけで気を失うようでは、とても医者にはなれないと判断しました。そして、戦後急速に国際的に発展してきた日本の中で、英語はすべての学問分野の土台となるとの父の助言によって英文科に挑戦することとなったのです。

私の受験した昭和二十年代には、滑り止めということばはあまり耳にしなかった。みんな目ざす学校だけを受けたのです。私も受験に対しては大変な覚悟で臨んだ。姉がすでに東京の大学に行っていたし、三人の弟のうち一人は結核に冒され療養中であったし、小さな妹もいたため、経済的には決して楽ではなかったのです。大学進学をすすめるにあたって、母から念を押されたことが一つあった。「おしゃれがしたいか。勉強がしたいか」後者を選択した以上、贅沢《ぜいたく》は許されなかった。それでも母は精一杯のことをして、私が神戸から上京して受験することを可能にしてくれた。毎晩夜中までかかって編んでくれたカーディガンは、出発の朝になっても片袖《かたそで》がまだ完成していなかったのです。とうとう左袖が五センチほど短いまま、試験場に向かいました。

東京では、両親が最もお世話になった石原謙先生のヨーロッパ風のお宅から試験場へ向かうことになりました。子供さんのおられない先生ご夫妻は受験生をあずかって、さぞ気を遣われたことと思う。寒い二月だったこともあって、ストーブを部屋にいくつも焚《た》いてくださった。

しかしそのため、試験の当日朝私は一酸化炭素中毒で、ばったり倒れてしまった。一日目の受験が出来なかったため文学部英文科は見事不合格。しかし二日後に行われた短期大学英語科には合格することができた。不慣れな東京で、不合格を知ったあの瞬間を私は忘れることはできません。

この経験は私の子育てに、一つの確固たる信念を提供してくれた。保護者のあるうちに挫折《ざせつ》感を味わうこと。何もかもがスムースにいくことが成功ではない。何度も挫折感を乗り越える経験を積み上げることが成功を生み出すのです。

わが家の子供たちもみんなどこかで挫折感を味わって、自分の目標を最終的に獲得してきた。「次のバスに乗ればいいじゃないの」これが子供たちに対する私の励ましのことばです。

聖書の中に「すべてのことは相働いて益となる」（ローマ八・二八参照）という一句があります。特に若いころは、がむしゃらに自分の力で自分の将来を切り開こうともがき、苦しむ。そうして自分の作った設計図が見事に描き替えられる経験を繰り返す。これを挫折ととるか、恵みととらえるか人さまざまです。

とにかく私は失敗して得た二年間のおかげで、英文学ではなく英語学をたたき込まれた。そしてこの二年の間に、将来何がしたいか、もっとはっきり見え始めました。英語という道具を用いて西洋史、特に聖書時代の歴史を学びたいという願いが起きてきたのです。そうして、社会科学科西洋史専攻に編入する道が開かれた。ギリシヤ語という語学的制約のために、自分の希望したテーマの論文を書くことはできなかったが、実に楽しい二年間が追加された。最初の二年と次の二年は、私の生涯を通してのテーマを鮮明にしてくれた時期でした。

特に最初の二年間の徹底した語学の学びは、後に留学生試験を受けるための大きな助けとなった。まさにすべてのことが相働いて、自動ドアが次々開けられるように、人生が開かれていったのでした。

　今これを読んでいて下さる方の中には、人生設計がはっきりしないために悩んでおられる方があるかもしれない。現在やっていることを忠実に行うことが、次の道をより豊かに開かせる土台となると私は確信している。周囲の状況にあまり影響されずに一つ一つ乗り越えてほしいと願うのです。

結婚の決断をめぐって

　世界にどんなにたくさんの男性がいても、夫になる男性はたった一人しかいない。しかもどこかにきっといる。この人かしら、あの人かしらと期待して胸をときめかせた若いころ。人生で最も期待と不安の入りまじった苦悶《くもん》の時期ではないでしょうか。

　この時期に女性は、二つの重要な壁を破る作業に向かう。一つは、彼女を育ててくれた初めての男性である父から、自分を切り離す作業です。娘にとって「父」の欠落は重大なことです。父とは、現実の父親を必ずしも意味しない。世の中には父親はいても、彼女の心の中では「赤の他人」という場合がいくらでもあります。

　これに対して母子家庭であっても、父をもっている人はいくらでもいます。心の中にしつかり父をもっている場合や周囲に父の代わりをしてくれる人がいる場合、娘は父親をもっていることになる。

精神医学の分野で、父親はいても父としての愛情をもつことのできないお嬢さんの中に、精神的困難を覚えるケースがあると報告されています。父親に対する不信感は、男性一般に対する不信感にまで及ぶそうです。女性がひとり立ちしていく上に、父と娘の関係が非常に大きな意味をもっているのです。

私の家には二人の息子と一人の娘がいる。夫は男の子に対しては実に厳しく育てました。しかし娘とは優しく接した。それは娘の子育てに関して、「男性を心から信頼して甘えることができる女性に育てたい」という願いがあったからでしょう。しかし娘にもやがて父と分離し、一個の女性として、他の男性を選ぶ時がやってくる。真に愛せる「父」を心にもっている娘は幸せです。一個の女性として安定して自立していくことができるからです。

自分で子供を育ててみて初めて、恋のゆくえに至るまで相談できた父を私自身心にもてたことのありがたさを身にしみて感ずるのです。

娘にとって、父から分離する以上に難しいもう一つの作業は、将来の伴侶《はんりょ》を選ぶことです。私自身三か年もの歳月を費やして、やっと決断したので、この辺の事情はよくわかる。

大学もそろそろ終わりに近づいたころ、戦争中のケガの後遺症でかねてからホルモン治療を受けていたが、その結果も思わしくなく、結婚しても子供は与えられないのではないかという診断を受けた。この時は女性として大きなショックでありました。そして生涯独りで生きていくための準備として留学を決意し、留学生試験を目ざして猛勉強を始めた。努力の甲斐《かい》あって、現在山下公園に停泊している氷川丸が最後に太平洋を航海したときに、アメリカに渡ることができたのです。一九五六年の八月のことでした。

結婚をあきらめて、勉強しようと胸をふくらませている私の前に、皮肉にも一人のクリスチャン青年が現れた。その年のフルブライト留学生三十五余名の中に女性は三名しかいなかったこともあって、思わぬ方向へと進展してしまったのかもしれない。

もし私に「男であること、女であること」についての深い理解があったら、たぶん結論を出すのに四年近くの歳月を費やさなくてもよかったのではないかと悔やまれます。

私は元来歴史屋であって倫理学については素人です。しかし倫理の根底をなすものは、人間をまず知ること、男であること、女であることを知ることから始められるのではないかと思います。なぜ私が女としてあるかが出発点である。難しく言えば人間学を究めて初めて、倫理的方法論が生み出されると思うのです。

①結婚の決断を下すために

どんなに周囲でお膳立《ぜんだ》てをし、良縁だと思っていても、本人同士の選択が成立しないかぎり結婚は成り立たない。考えてみれば、縁という絆《きずな》はまことに不確定なものと言えます。「あなたの存在なくして、僕の人生はあり得ないのです」などと言って結婚したはずの夫妻が、いつの間にか「こんなはずではなかった。こんな生活には何の意味も見出せない」と言い始め、結局離婚という破局に到達してしまうのです。

どんな人にとっても、結婚は決断であり冒険です。どんなに祈り合い、求め合っていても、確信が与えられない場合がある。自分で決断を下すことを恐れていることもある。自分の物差しのある部分に相手の物差しの尺度が当てはまらない。どうしても自分の物差しに相手をはめ込むことができず、失望し混乱を起こすこともしばしばです。そしてその人が自分の物差しに相手をはめこむ努力をやめて、相手の物差しに自分をはめこませる作業を始めないかぎり結婚の決断はできなくなるのです。

アラン（一八六八―一九五一。フランスの哲学者）という人の結婚の決断についての助言は、結論に到達できないで悩んでいる男女に大きな指針を与えてくれます。彼によると

「決断を下したということは自分が相手を選び、自分の生涯を縛ったことを意味する。すなわち、これから、自分の気に入る者を選ぶのではなく、すでに自分が選んだ者の気に入るように生きることを心がけねばならないという。大切なことは、結婚した時点でその人がどのような状態にあるかということではなく、二人の結婚生活を通してお互いにどれだけ変わり得るか、またその気持ちがあるかということである。その決断を支えるものは謙《けん》遜《そん》であると思う。またこれを生み出すものこそ信仰であると思う」と。

また、ローラン・ド・ビュリは結婚を、高い所で綱渡りをして踊る二人の人にたとえている。「すべての人はいつかは下に落ちる。が他の人は落ちて骨を折るのに対して、信仰者である夫婦は神の恵みの網の中に落ちる。そこでともにころびつつ再び綱の上に上がることができる」と（T・ボヴェー『結婚――大いなる秘義』アルパ新書）。

一九五六年八月、氷川丸が雨の降りしきる横浜港を出航するのを見送るために、両親がわざわざ神戸から出かけて来てくれたといいます。

②性格の違いは対立を生むか

先程の青年は、渡米後ミネソタ大学を経てハーバード大学で高分子化学の学びに精を出し、私はオレゴン大学を経てイリノイ州のホイートン大学大学院でキリスト教史の学びに情熱を燃やしていました。だから結婚までの三年間に会った日数は、延べにして一か月半足らずでした。彼はいかにも科学者らしく、何事をするにも多くのデータの上に綿密な検討を試みた後に結論を出すタイプの人でした。一方私には、まず結論を出し、あとで一つ一つ説明を加えるところがあります。

彼から毎日のように送られてくる手紙も彼独特のように感じられました。簡潔で短い文章、単純で妥協を許さない言い方に感動はするのだが、私のついていけない何かを感じさせた。

数々の性格の不一致から私の不満は大きくふくらみ、ついに怒りの手紙を出したことがあります。しばらくして、食塩の結晶のできるまでの化学反応や、その条件の分析をしながら結婚の原理が説明されている手紙が送られてきました。「食塩の結晶はナトリウムプラスイオンと、塩素マイナスイオンの結合で作り出される。すなわちプラスとマイナスの相反するイオンの結合が、美しい結晶を作り上げる。性格が異なるからこそ、より美しい結晶を生み出すことができる。両極として相補うことができる。結婚は斉唱ではなく、各々のパートをもった合唱である」と。性格の違いはより強い結合体を作る。両極が明確に存在して初めて、化合物を生み出すことができるのです。

結婚によって女性は、彼の中に埋没して自己の存在を無にするのではなく、一つの極として自らを成長させ、築いていかなければならないと思わされたのです。「結婚生活におけるほんとうのひとり立ち」という大きな課題が与えられた時でありました。

③尊敬できるところが一つ見つかれば

愛すれば愛するほど、その人を独占したくなる。その人に対する関心が高まる。そしてそれと同時に、限りない疑いと誤解に悩まされるのである。だれしも愛するがゆえに苦しんだ経験を持っています。

私は異国で恋の行き詰まりを感じて、海を越えて父に相談したことがある。しばらくして「今は夜中の一時。今夜お父さんの窓辺を照らすこの月は、明日はおまえの窓辺を照らすであろう」という書き出しの大変ロマンチックな手紙を受け取った。H・ベルグソン（一八五九―一九四一。フランスの哲学者）の「明日は現在の積み重ねである」ということばを引用し、これにキリスト教的未来観を重ねつつ恋愛論が書かれてあった。「自分にとって完全に理想とする男性は存在しない。相手にとっても完全に理想とする女性は存在しない。もし一つだけ無条件に見上げることができる点を見出せたらしめたものだ。その一点だけを見上げて一歩ずつ進みなさい。必ず未来は開ける」と。

④「愛しつつある」こと「愛し続ける」こと

私の最も尊敬する神学の教授ケネス・カンツァー先生は、私が結婚の決断に揺れ動き、悩みぬいていたとき、外国人にも英語のニュアンスがよくわかるように、愛の本質について説明してくださいました。“Be loving each other”と“Keep on loving each other”の違いです。

「互いに愛しつつある」という現在進行形の表現は、現在という時間の制約の中で愛が進行しているという表現であって、それ以前についても、またこれから以後についても保証はない。しかし「互いに愛し続ける」という表現は、話している時点以前から、またこれからもずっと、継続的に愛し続けるという意味が含まれる。そして後者を成就させるためには、互いに赦《ゆる》し忘れること（二つのF、すなわちForgiveness、Forgettness）を繰り返し、愛の火種が決して立ち消えないように努力を必要とする、と先生は説明されました。愛し続けるためには努力が伴うのです。

このようないくつかの貴重な助言は、娘から妻へとひとり立ちしていくための決断を下す上に、大きな助けとなったのです。

子育てと仕事の奮闘の中で

それぞれで留学したはずの私たちであったが、ボストン産の男の子を一人連れて、五年七か月ぶりに三人で帰国した。子育てにおいてスキンシップを必要とする時期は、意識してその時間を捻出《ねんしゅつ》したいと思っていたので、それが可能な仕事を選びたかった。

当時国際基督教大学の寮には、寮母以外に、教師家族がアカデミック・アドバイザーとして共に住み、学生の精神的、信仰的な指導をする制度があった。夫は大学で化学を講義し、私は学生主事としての仕事に専念した。

また、しばらくして、大学での非常勤講師の道や、NHK教育テレビの英語会話中級番組を担当する道など次々に開かれ、まさに悪戦苦闘の日々が始まったのでした。その後、子供も三人に増えました。

一人にミルクを与えている間に、トイレット・ペーパーをほぐしてしまう子、仕事に関する重要なテープをずたずたに切ってしまう子。ひとときも目を放すことのできない緊張の連続。その合間を縫って翌日の講義の準備にあせる夜、採点しようと広げておいた答案に、全部丸をつけられてしまった失敗。書き出せば切りがない。

どのようにして仕事と家庭を両立させることができるのかとよく質問されることがあります。しかし私は、仕事と家庭は両立という相対する次元の事柄ではなく、一つの核の中で共存させることのできる問題であると思っています。

もちろんそれには、夫の十分な理解と手助けも必要であるし、また自分自身もほんとうの意味でのひとり立ちができていなければ無理でしょう。そうして妻としての、母としての、社会人としての領域・主権の問題を、いつも自分の中で整理し続ける必要があると思う。悪戦苦闘の日々の中から、私自身が見出した共存のための生活原理を、いくつかにまとめて記してみたい。

①自分自身を治めること

自分をどれだけ支配し、治めることができるか、これは人間の成長度の一つの大切なバロメーターです。今日までのどの時代の歴史を見ても、人間は常に他を治めることに熱心で、自分自身を治めることに弱い。しかし自らを治めることなくして、人間として、女性としての成熟はあり得ないのです。

妻として、母として、また教師としての生活運営の中で、私の最も努力を要したのは、この、自分を治めるということであったと思います。結婚の決断のところで述べたが、互いの性格が違っていればいるほど、その調整には手間がかかります。けれどもその反面、その努力が大きく報われます。

私には、すぐ結論を出して行動する弱さがあります。そうして思うように運ばないと、いらいらし始めます。そんな時は必ず額に二本の線が入っています。

また、一人を背負って、二人の活発極まる男の子の世話、買い物、食事の準備、洗濯、幼稚園の送り迎えなどなど気の遠くなるほど次々に押し寄せてくる仕事、これに大学の仕事へのあせりなどが重なると、いらいらはますます高じてきます。

これに夫の無理解などが加わると、額のしわも二本どころではありません。顔全体がゆがんできて、まさに自分自身のコントロールが不可能な状態になります。

こんな時、私はあることを心がけて、何とか不完全ながらも今日まで過ごしてきました。感情の最も高ぶっている時の顔をパッと鏡に映し出すのです。小さな家だが、洗面所はもちろんのこと台所にも、玄関にも、最も行き来の激しい場所にも、鏡がかけてあるのは、このためでもあるのです。

鏡は最も赤裸々な形で危機的な自分と向かい合わせてくれます。

女性は、男性と肉体的な造りにおいて同一ではありません。人によって異なるが、一般的には、生理の始まる二、三日前が、一番感情の起伏が激しく安定性を欠きやすいようです。私は、この時期に公の場で意見を言う時は気をつけるようにしているし、結論を出すのを延ばすことが可能なものについては、しばらく待ってからにするように配慮しています。

とにかくどのような方法であれ、自分自身と向かい合い、自己評価して、自分自身を治める術《すべ》を一つずつ獲得することが、女性としてひとり立ちしていく上で大切なことであると思うのです。

②「そのことだけ」に全力投球すること

妻である時は妻として全力投球し、母である時は母として全力投球し、仕事場にある時は全力投球で仕事に打ち込む。ただ全力投球することと、完全にやることとは違います。もしすべてに完全を求めたら、窒息しそうで、ひとときもリラックスして過ごせません。

不完全でよいから、自分に与えられた場所と時間で最善を尽くすことです。

私の場合は、エプロンをはずして一歩外に出たら、教師としての責任に全力投球します。余程の事情がないかぎり、授業を休講したり、教授会、その他の責任のある委員会を欠席したりしないようにしています。熱があり、ぐずっている子供を預けて家を出ることがどんなに不安であるか、子供を育てながら働いておられる母親なら、よくわかっていただけるでしょう。

不完全でもよいから、一つ一つに全力投球する姿勢を体得していなければ、仕事と家庭の共存は不可能です。またこれは子育てに、特に子供の叱《しか》り方にも影響します。「何でも完全にできる子」を育てることと、「何に対しても一生懸命挑戦できる子」を育てることでは本質的に違うのです。

何でも完全にさせたいお母さんは「こんなこともわからないの。○○ちゃんはとっくにできたのよ」「あなたみたいに、ぼんやりで、のろまだったら、みんなに置いていかれますよ、そうなってもお母さん知りませんからね」お母さんの胸のうちは、いろいろなあせりでうずまいています。

「何にでも一生懸命になれる子」に育てようと、発想を転換してみると、ホッと気持ちが楽になる。現実に後者の家庭教育を受けた子供のほうが将来ずっと伸びていくはずです。こうなると叱り方にも変化が生じてきます。

先日、勝山正躬《まさみ》先生（灘中高校長）が書かれた『合格させる親失敗させる親』（主婦と生活社）を読んだが、私の全力投球論の応援者を得た思いで、大変心強く思わされた。その一部を引用させていただきます。

「『満点をとれ！』と叱ってばかりいるような親は軽蔑されます。それよりも『ほう、この前よりは十点も上がったじゃないか』と、平均点以下の息子の成績をほめてやったほうが、子どもにとってはどれだけ励みになることか。一番になれないことは、その子がいちばんよく知っています。しかし、自分の頑張りを見てくれている親がいる。努力を認めてくれる人間がいることが誇りなのです」

私は家庭に入ったら、お母さんは教師であってはならないと思っています。忘れっぽくて、コップも壊すし、失敗もよくするお母さん。それでよいと思っています。しかし、夫のことにせよ、子供のことにせよ、やるときは全力投球でやってくれるお母さん。たとえ仕事が忙しくてできないときがあっても、やれるときには、全力投球してやってくれる。これは家族の大切な信頼関係を生み出す要《かなめ》になると思います。この信頼関係があって初めて、子供は毎朝決まった時間に学校に出かけ帰宅して、たとえ母親が留守でも安心して、帰りを待つことができると思う。また母親もこの信頼関係に立って初めて、外で安心して働くことができるのです。

③子供との密度の濃い交わりを心がけること

確かに仕事をもっている母親にとっての大きな悩みは、子供と遊んであげる時間が限られていることでしょう。私は時間があるから遊んであげるのではなく、時間を作り出して遊ぶという発想に立った。夢中でボールを蹴《け》り、縄飛びをし、サイクリングをし、全く童心に返って遊ぶのです。この時は仕事のことは、全く念頭に置かない。多くの心理学者や精神医学の専門家が、子供との遊びの重要性を指摘している。ポール・トゥルニエのことばは非常に印象的でありました。

「多くの親たちは一人一人の子供と接触することが重荷だと告白しています。子供と一緒に遊ぶことができず、子供に何を言ったらいいのか、どんな物語を子供に話してやったらいいかさっぱり分からないといいます。ところがこの遊びこそが子供にとって最も大切なものなのです。学校の勉強でよりも遊びの中で、子供は将来の職業の青写真を描くのです。

子供のころに遊ぶすべを心得ていた人は大人になって働くすべをわきまえた人間になります。こういう人は物に集中する能力とか協同作業のこつ、アイデアを生み出す力など、子供のころ遊びのために磨いていた才能を、大人になった現在、仕事に生かすことができるからでしょう」

子供と接する機会をもつのは、物言わぬ赤ちゃん時代から大切だと思います。赤ちゃんが目を覚ましている間は、わかってもわからなくても話しかける。「きれいなお花ねェー」とか「お空が青いねェー」といった具合に。そうして、ぎゅーっと抱きしめ、よく頬《ほお》ずりしてあげる。しかしことんと眠ってしまったらこっちのもの。本を読んだり講義の準備に精を出す。私は、本のページのどこで中断されても、次に読むときは次の行から読めば十分内容を追うことができるように訓練しました。

幼稚園の年長、あるいは小学校に入ると、スキンシップの時代から自立の時代に入ります。そのころから、新しい配慮と心遣いが必要となってきます。マスコミでは、社会的諸事件と鍵《かぎ》っ子、母子家庭の関連性について取り扱うことが多いです。これは鍵っ子と母子家庭の問題というよりは、親子の信頼関係が樹立されているかどうかにかかっている出来事であると思います。

子供の帰宅時間が私より早い場合、私は朝出かけるときに、食卓の上に一人ずつのおやつを用意し、一人一人に簡単な手紙をつけてその子の座る席の前に並べるようにしました。「○○ちゃん、お帰りなさい」という呼びかけで始め、次に母親の居場所、電話番号を書いて、子供に安心感を与える。それから帰宅予想時刻を書く。このとき予想よりいつも十五分くらい後の時刻を記しました。

そのようにして予想時刻より少し早めに帰るように気配りをするのです。そして最後に、子供への諸注意を記しました。よくお金を渡して自分でおやつを買わせる家庭があるが、私は常に前日までに揃《そろ》えたものをテーブルの上に置くようにしました。母親の愛情は必ず伝わるものです。

子供と朝から夜まで一緒にいられることだけが理想ではありません。たとえ一緒にいる時間は少なくとも、子供との密度の濃い交わりを通して、深い信頼関係を生み出すことは可能です。これはやがて互いに親離れ、子離れして自立の道を歩むときに大切な土台となるのです。

④家族「夫と妻」「親と子」

一人の異性との結婚から始まる夫婦関係、血のつながりから関係づけられる親子関係、さらに兄弟姉妹、親戚《しんせき》、こうした複雑さから思いもかけない緊張と葛藤《かっとう》が生じてきます。

「家族」の英語はファミリーであり、明治以降にこの訳語は一般的に普及しました。日本では家族とは「夫婦、親子、を中核として、血縁、婚姻により結ばれた生活共同体」と定義されています。

西欧のファミリーは、どちらかというと夫婦単位の絆《きずな》が強いのです。海の向こう側から日本文化を見直して日本の家族のあり方が、必ずしも西欧のファミリーと同一概念でないことに気がつきました。

日本では旧民法の家族制度の下で、「戸主と戸籍を同じくし、戸主の統率する家を構成する親族および配偶者を法律上家族」と定めました。

この家族制度は廃止されましたが、家意識だけは現存しています。私たちは結婚して、新しく戸籍をつくるのであって、女性が男性の「籍に入る」（逆もあるが、ほとんどの場合）のではありません。にもかかわらず「籍を入れる」という表現が用いられます。

また、「嫁に行く」という言葉が現存します。西欧における結婚は、個人と個人の結びつきであって、家と家の結びつきではありません。明治以降ファミリーは家族と訳されてきたのですが、本当に、ファミリーは家族かと私は問い続けてきました。

英語の house は「住む家」、home は「家庭」、family は「家族」であります。日本の「家」意識に適合する英語はないので、私は英語で日本の家意識を表現する時は、"Ie" と表現することにしています。「嫁」という漢字が「女」と「家」という字を組み合わせて構成されているのは何を意味するか心に留めておきたいものです。

なにげなく使っている言葉で気になるのは婦人という単語です。女（女性）woman に対して男（男性）man、淑女 lady に対して紳士 gentleman、それでは婦人は？ ウーマンでもレディでもよいでしょうが、対応する訳語が見つかりません。「婦人」に対する日本語をあえて探せば「殿方」でしょうか。時々トイレ、温泉ののれんで見かける位でしょう。女偏に「帚《ほうき》」と書いて婦人の「婦」ができていることは何を意味するのでしょう。

新約聖書では、ギュネという一つの言葉で記されています。日本語に訳す時に「女」、「妻」、「婦人」の三種類の表現を用いていることに注目したいところです。今後、検討すべき課題であるとかねがね思っています。

このように考えてみますと、日本は西欧社会と異なった社会構造の中で、家族（ファミリー）の問題を認識しなければならないと思います。夫と妻がまず存在して、家族があることをしっかり心に留めておきましょう。

日本の場合は、親子、特に母子の絆が強く、なかなか子離れ、親離れできない親子がいます。

「親」という字は「木」の上に「立」って「見」ると書きます。愛情と責任をもって木の上に立って見る余裕をもち、ファミリーの土台を夫と妻でしっかりつくることができる家族でありたいと願います。

結婚によって夫と妻は結ばれますが血縁ではありません。子供は親とは血縁関係です。子育てをする中で、私は大切なことに気が付きました。子供が一人の時には気にも留めなかったことが三人の母となって気付かされたのでした。

それは、きょうだい（兄弟、姉妹）は、兄と弟、姉と妹は直接的関係ではなく、兄から親を通して弟、姉から親を通して妹につながる間接的な関係であるということです。親からみれば、子供たちは一人ひとり可愛いのであり、公平に愛しているつもりであっても、子供同士の関係はいつも親を通して成立するきょうだい関係であることを親は決して忘れてはならないのです。

私が三人の子育て中に最も注意したのはこの点であり、具体的には、兄に対する不満は決して弟には言わないし、弟に対する不満は兄には言わないことでした。母親は、扇子の要《かなめ》であることがきょうだいがいくつになっても仲良しでいられる秘訣《ひけつ》です。

「うちの家族に限って」と愛情に満ちて結合している家族であっても、「家族」の本質的性格に他人性という分離要因を含んでいることを忘れてはならないと思います。血は水より濃いものでありますが、血ほど醜いものはないことも事実です。

家族をまとめる妻として母としての力は大きいのです。

「女こそ力」であると思うのです。

⑤まず妻であることを優先させること

子供が生まれてからは、無意識のうちに母という役割を重視しがちです。しかし私は意識してでも妻という役割を優先させるべきだと思っています。

愛情の表現が豊かな西欧社会では、ご夫婦同士をハニー（はちみつ）とかシュガー（砂糖）とかダーリン（愛する者）と呼び合っている。また愛の表現も大胆で人目もかまわず、映画のシーンのようです。どちらかというと日本人は控え目なので、私も留学当初はとまどいがちでありました。表現形式はどうでもよいが、父としてより夫としての役割を優先させ、母としてより妻としての役割を優先させることが、家庭円満の秘訣です。

母親である期間は二十数年にすぎない。しかし子供が成長して後、夫婦で暮らす期間は、二十年ないし三十年もあります。したがって普通の家庭では、結婚生活の半分は子供なしで過ごすことになる。そこで、妻と夫の理想的な関係について、ベヴァリー・ラヘイ氏の勧めに注目してみたい。

「夫と妻は友だちになっておくのがよいのです。四十歳あるいはそれ以後に起る離婚の多くは、二人がそれ以前に永続的な友情を育てるために時を過さなかったという単純な理由によるものです。そのような永続的な幸福の土台を築く時期は、子供たちがまだ家にいる間です。妻はみな、夫との真の友情を育てる必要があります。ですから、女性たちよ、あなたと一緒にいるのが楽しいというような人になりなさい。なぜなら、あなたは夫といつも顔を突き合せて過すのですから。まず第一に妻であり、次に母親である女性は、夫婦間の永続的な幸福の土台をすでに据えているのです」(『御霊に支配された女性』いのちのことば社)。

共働きの場合は特にこの点を注意しないと、母親オンリーとなり、夫を家事のパートナーとしてしまう危険がある。最近、男女の平等性を強調するあまり、育児、家事に至るまで夫に同じように分担させようとする傾向もあり、これが時代の先端を行くように考えられつつある。果たしてそれが最先端でしょうか。

私の夫は毎朝一杯のコーヒーを飲むことを楽しみにしていました。結婚後亡くなるまでの十八年間、子供の世話で手が離せないときであっても、私はクリームや砂糖を夫の好みに合わせて作ってあげました。

新聞を読みながら、いかにもおいしそうにコーヒーを飲んだものです。夫は、そのほんの一杯のコーヒーが一日の仕事を左右するのだと常々言っていました。こんなにささやかなことであっても、相手にとって一大事であることもあるのだ。百組の夫婦には、百組なりに何かがあるはず。それがどんなに小さくささやかであっても、大切に育てたいものです。

それぞれの領域をはっきりさせて分担しておけば、あとは互いにできる範囲で手伝い合うほうが余程気楽でしょう。

突然夫を天に送って、二人の分担の仕事を一手に引き受けてみて、私の気づかなかった仕事を、いかにたくさんこなしていてくれたかを実感しています。子育ての大変な時だからと言って、妻としての役割をしばし放棄してしまわないように心がけたいものです。

家族の要をしっかりと

息子が私と同じ名前の彼女と結婚することになった時、「僕のＡｋｉｋｏとお母さんの意見が違った時は、僕は僕のＡｋｉｋｏの味方ですから！」と言われました。誠に当然なことなのだが、現実には大ショックでした。

翌日、親友の都立高校の先生にそのことを話した時、「あなたは子育てに成功したのよ」と言われ目の覚める思いがしました。「子離れ」を学んだ瞬間でした。

私たち夫婦は、夫と妻の関係を前面に出して子育てをしてきました。その実りであることに気付かされた時でした。

特に男の子との母子分離がむずかしい中、見事に母子分離ができたのは、夫、父親の存在があったからだと思っています。男の子を男の子として「自立した男」に育てるためにはどうしても「母子分離」が必要です。

最近日本の男子が弱くなったと言われますが、母親にも父親にも責任があると思います。

最初の子供をアメリカでお産した時、生まれた瞬間の赤ちゃんをお腹の上に置き、「この温かさと重さを一生忘れないように」と言われた後、へその緒を切りました。

「母子分離の第一段階です」という言葉は実に重みがありました。男の子は成長と共に理屈っぽくやりにくくなってきます。ある日曜日、久しぶりに家族そろって食事中、内容は忘れましたが、息子が母親に対し激しい言葉で罵倒《ばとう》してきたことがありました。その時、父親がバーンと卓をたたいて、「世界中で一人しかいない俺の大切な女性に何を言うか！」と怒鳴ったのでした。それから二週間後に父親は天に帰ってしまいました。母親を一人の女性として見るように、息子の目を開かせた瞬間だったと思います。母親の母子分離を賢く果たさせるのは父親の権威であるとつくづくと思いました。

夫であり、妻であることが優先された家庭に育って初めて「僕は僕のＡｋｉｋｏの味方ですから！」の言葉につながったと思います。

「老い」を自分色に色づけて

日本は毎年平均寿命を更新し、いまや世界有数の長寿国になり、「老い」についての関心が高められつつあります。「老い」ということばには、暗いイメージがあり消極的に聞こえるので、「エイジレス」と言う人もいます。

エイジレス（Ageless）とは「年をとらない」とか、「年齢を感じさせない」という意味ですが、アメリカの女流作家キャロライン・バード氏が『エイジレス人間の時代』の中で『エイジレス』という表現は絶え間ない成長を促し、明るく積極的なイメージを作り出すのでとてもよい」と提唱されたことから使われ始めたようです。

赤ちゃんは、新しい何かが自由にできるように成長を重ねます。

反対に、高齢者には厳しいかもしれませんが、一つひとつ不自由になってやがて何もできなくなると死を迎えるという現実があります。それを素直に認めた上で、「心のエイジレス」を保つのはどうしたらよいのかを考えておく必要があります。自分の潜在能力を、人生の中で一〇〇%発揮している人はいないそうです。スイスの心理学者ユング（一八七五～一九六一）は五〇%くらい。アメリカのウィリアム・ジェームズ（一八四二～一九一〇）は一〇%くらいしか潜在能力を使っていないと言います。

A・デーケン氏は、「人生における危機的状況というのは、ある意味で私達の潜在能力に対する挑戦である。挑戦には応戦しなければならない。平凡な毎日の繰り返しにあきたら、それを次の新しい局面を拓《ひら》くための挑戦の始まりだと考えて自分の潜在能力を開発するきっかけにする必要がある」と常に積極的に挑戦する生き方を推奨しています。

体力も心も老化させないように自分から訓練し、社会的にも生活的にも自立した老後を確立し、ボランティア活動においても積極的にいきいきと関わっていけるよう心がけたいものです。

「らしく」から解放されて

私たちは、三十歳の人と六十歳の人を同格には扱わないのです。ところが六十歳の人と九十歳の人を同じ三十歳の差であるにもかかわらず、「老人」とひとまとめに考えてしまいます。三十歳から六十歳までの三十年間は、仕事においても、家庭においてもなんと目まぐるしく、変化の激しい道だったことか。それに比べて、六十歳から始まる三十年間は、仕事も第一線を退き、子育てからも解放され、平坦な変化に乏しい緩やかな道をゆっくりと歩みます。自分に許されたスピードで自分らしく精一杯生き、充足感をもって人生を閉じることができたらどんなにすばらしいことでしょう。

私たち旧憲法と新憲法の下に生きて来た世代は、個として生きるよりも、家族制度の中で女は女らしく、高齢者は高齢者らしく生きることが大前提として求められて来ました。服装もどちらかというと、暗めの色、たとえば黒とか灰色が「年寄り色」と考えられて来ました。

　外国生活が長かった私は、既成概念にあまり縛られずに「らしく」から解放されて、のびのびと明るく生きる道を模索しました。一度しかない人生、既成概念にとらわれないで、自分らしく精一杯生きたいと思います。

ところで、人間だけが先には死があると予測して生きているのだそうです。私たちは死を背景にして、今日の生き方を考えているのでしょうか。死とか老いなんて、まだまだ先のことと思っていないでしょうか？

「若い」という意味は、十代、二十代という意味ではありません。

「明日に対して今日」は若いという意味です。人生の終わりに近づいてから老いについて初めて考えるのではなく、若い日、すなわち今あるその時から、自分の中に老いの種を認識して、老いる心の意味にふれて生活したいものです。

聖路加国際病院の日野原重明氏は、「私は晩秋の紅葉や黄葉が風に舞うのを見ますと、私たちも長い人生の中で私たちのからだに蓄えた色素で私たちを染めて、そして潔く死んでいかなければならないと思います。老いに順応するというのは、老いの色素に誇りをもって自らを染め、静かに、しかし前向きに生きることです」と述べています。

私たち一人ひとりに蒔かれた老いの種は、自らを自分色に染めていくでしょう。黄色に色づいても、紅色に色づいてもＫＯＵＹＯです。自分色に色づいて、自分らしく人生を築けばよいと思うのです。

熟年結婚を決断して

敗戦の廃墟からやっと日本が立ち上がりかけたころ、私はフルブライト奨学生として留学、同じ奨学生であった化学者とアメリカで学生結婚、帰国後二人とも大学教師として、幸せな結婚生活を送って十八年。突然夫は脳内出血で倒れ天に帰り、私は悲しんでいる暇もなく、夢中に走り続けて十八年。三人の子供も独立。二十四時間、自分の意志でコントロールできる学生時代に戻った様な気になり、あれもこれもとやりたいことが頭の中を駆け巡りはじめた時。

それはそれは不思議な導きで、神様は同じように伴侶を天に送った彼と会わせて下さいました。私は六十二歳、彼六十四歳の時でした。子供たちは勿論のこと私の家族、彼の家族、亡くなった夫の家族、みんなの理解が総合されて、私たちは所属する教会で式を挙げることができました。

お互いにかけがえのない伴侶を失って、対話が断絶された世界に突き落とされていたので、「対話のある人生の回復」に何よりも感動しました。自分以外の人が流す水の音が家の中にある。スリッパの音がある……他愛ないことかも知れませんが、存在の喜びの原点を知った思いだったのです。ところが、せっかく軌道に乗り、これからという時に夫は病に倒れ、結婚生活は四年半で終わってしまいました。

ドイツの諺に「二人で喜ぶ喜びは二倍、二人で背負う重荷は二分の一」とあります。長い未亡人生活の中で忘れかけたたくさんのことを蘇らせて頂きました。

若かった時の別れは、何としても三人の子供を育てなければならないと夢中で走り、切り抜けることができましたが、今回は、子供たちは全員家庭をもって独立していたので、まさにシングル・ウーマンとして立たされたのでした。夜になると物音一つしない静けさの中で、淋しさがひたひたと忍び寄って来ました。

「存在する」と「存在しない」、このギャップは大きいのです。独り言でなく、返事が返ってくる幸せを大切にしてほしいものです。

悲しみを越えて

悲しみと淋しさの中に突き落とされていた時に、ルーベンスの「十字架降下」の絵に出合いました。この絵の原画は、ベルギーのフランドル地方の古都アントウェルペンの大聖堂の壁にかけられています。マグダラのマリアが肩でイエスの重みを支え、イエスの体全体を赤いガウンを着たヨハネが受け止めている。ヨハネの奥には濃紺のゆったりしたガウンを着たニコデモと思わせる男も描かれています。

この絵に出合う少し前に友人から「悲しめる友へ」という詩が送られて来ました。その詩と重なって大きな慰めとなりました。「悲しめる友よ、女性は男性より先に死んではいけない。（中略）男性が一人後に残ったとしたら、誰が十字架から主を降ろし埋葬したであろうか」と。

ルーベンスは「十字架降下」の絵の中心人物としてイエス・キリストと、その重みを肩で支えているマグダラのマリアに光をあて描いています。これ以上のメッセージは私には必要ないほど、存在の意味を伝えてくれました。

二人の男性を主のもとに導き、主のもとに送ったささやかな人生の役割にも深い意味があったことを教えられ慰められました。

今もう一度二十四時間を自分の意志で自由に使える一人の世界に戻って来ました。シングル・ウーマンとして、女性本来の性を大切にし、自分と性の違う男性の意見にも耳を傾けながら、女性の魅力を失わないで、同等の仕事を全うして行きたいと願います。

シングル・ウーマンには結婚生活で得られなかった自由があります。この度ワールド・ビジョン・インターナショナルのアジア代表国際理事に選出されました。子育てからも解放され、夫たちも天に送った今、残る生涯を途上国の女子教育のために捧げたいと願っています。

第七章　国際人としての女性

真の国際人として

平和をつくり出すためには、まず国際人を育てなければとよく言われます。

では国際人とは、どういう人を言うのでしょうか？

何気なく使っている国際人という言葉ですが、改めて英語では何と言うのかと問われれば戸惑ってしまいます。アメリカ人、イギリス人、フランス人、中国人、韓国人、日本人がいて国際人がいるのではありません。

国際空港 International airport、国際関係 International relations、国際会議 International conference とは言いますが、International man とは言わないのです。国際人という言葉の魔術に引っかかって「国際人」と使うだけで進んでしまっているという感覚を持ちがちですが、国際人が英語にならないところに、日本人が持っている国際感覚の弱さがあらわれていると思います。

そして英語が話せるだけが国際人の条件ではありません。国を超え、民族を超え、性(男、女)を超えて理解し合い、受容し合える人が国際人のまず第一の条件であります。

世界地図の国境は人為的につくられた線に過ぎません。宇宙飛行士の毛利衛さんが、地球に帰還したときの第一声は「地球には国境はなかった」でありました。世界には、言語という一つの要素を取っても、約四〇〇〇種類の民族が存在しているといいます。

これに対して独立国家は約一九〇位しかないのですから、各国は国内に多くの民族を抱えているのが現状といえます。各国は国境で分けられていますが、国境はただの線引きに過ぎません。それは戦争とか、植民地支配の結果、人為的に決められた産物です。

その様な国境に基づいて出来上がった世界地図の下に実はもう一つ、ばらばらにされた民族の地図があることを読み取る必要があります。国境の線引き次第で今までの主流民族が少数民族となり、あらたな紛争の火種となるのが現在の地球の状況です。

人種、民族問題の縮図といえばアメリカ合衆国でしょう。たくさんの民族、人種が集まってアメリカという国家が形成されています。よくサラダ・ボウルと表現されます。人種差別は、大きな社会問題です。評論家的に論ずることはやさしいのですが、問題を共有することのむずかしさを感じます。痛みを共有出来た時、国際人に一歩接近したと思うのです。

戦後間もない一九五六年、最初にアメリカに留学した時、私の人生観を変える様な大きな経験をしました。

はじめて留学した頃のアメリカは、マーチン・ルーサー・キングの公民権運動が盛んになりつつあった時でした。黒人の女性ローザ・パークスがバスの中で白人男性に席をゆずらなくて逮捕されるという事件が起きて間もない頃でした。

シカゴの街角でキング牧師の演説に聞き入ったこともありました。黒人のジュディさんというとても美しい友人が日本語を習いたいと言うので、二十四色のクレヨンを教材に日本語の勉強を始めました。

「レッド赤、ホワイト白……」「スキンカラー肌色」と何の疑問もなく続けていました。ジュディが「スキンカラー、ハ・ダ・イ・ロ！」と言って真っ黒い彼女の手の甲に肌色のクレヨンを置いて、「オー！」と叫んだ時、私は頭をなぐられた様な大きな衝撃を受けたのを覚えています。

日本人という枠の中だけで肌色という色を命名していることに、海の向こう側に立ってはじめて気付いた瞬間でした。国際人とは、民族、人種、性を超えて、同じ目線で交流出来る人と定義づけられると思います。

尊敬する国際人・新渡戸稲造

大蔵省（現財務省）は、一九八四年、代表的国際人として新渡戸稲造の肖像を選び二十年間、五千円札になりました。福沢諭吉は今も一万円札に登場しているのに「リストラ」されて残念であります。

新渡戸のことを少しお話しすると、彼は一八六二年、日本がまだ西洋と普通の関係がなかった頃、盛岡南武藩士の家に生まれました。一八六七年父の死去にともない母と祖父のもとで育てられ、九歳の時、叔父太田時敏の養子となり上京、東京英語学校に学び西洋文化に接しました。

一八七七年、クラーク博士で有名な札幌農学校の二期生として入学、内村鑑三、宮部金吾らとともに洗礼を受けキリスト者となりました。卒業後、今日の東京大学に学びましたが、入学試験で、西洋と東洋の往復の橋になりたい「我太平洋の橋とならん」と答えたことは有名です。一八八四年、東京大学を中退して、アレゲニイ大学を経てジョンズ・ホプキンス大学に留学、一八八六年には、ボルティモア友会会員に認められ、クエーカー教徒としてフィラデルフィア友会にも知られるようになりました。

一八九一年、新渡戸はフィラデルフィアの名門エルキントン家のメリー・パターソン・エルキントンと結婚しました。メリーは、フレンド派の Westtown School で厳格で愛に満ちた教育を受け、哲学、文学、世界史、地理、ラテン語、フランス語を学び、女子教育者として、平和主義者として積極的に社会活動にかかわり、また女性の地位向上のためにも献身的に働いていた女性でした。

ある日、「日本における女子教育の必要性について」という題の新渡戸の講演を聞いて、メリーは友人に「私の生涯の仕事がどこにあるか、告げることのできる人はこの人しかいないと感じた」と告白し、二人にとっても、また日米にとっても摂理的出会いがあり、ついに両家の反対を押し切って一八九一年一月一日に結婚しました。メリーが新渡戸の教育者として、平和主義者としての活動に、生涯を通して多大の影響を与えたことは言うまでもありません。

結婚一ヵ月後には二人で帰国して、母校札幌農学校で教鞭《きょうべん》をとりました。長男遠益（トーマス）を誕生数日後に亡くし、失意の中でメリーの実家から送られた資金で未就学児童のための遠友夜学校を設立、無給で教育に当たりました。

激務のために体調を崩し、アメリカで静養中に一九〇〇年『武士道』を英文で出版、帰国後は京都帝国大学教授、第一高等学校校長、東京帝国大学教授に就任されました。東京女子大学（Tokyo Woman's Christian University）の初代学長には一九一八年に就任されました。

一九二〇年、国際連盟成立とともに、事務局次長に任ぜられ、そのままジュネーブに留まられた。一九三一年満州事変の勃発《ぼっぱつ》とともに軍部の台頭で日本は急速に軍国主義に傾き、平和主義からも、民主主義からも離れていきました。日米間の対立の溝は深まり、日本は一九三三年三月に国際連盟を脱退しました。

国際的に決定的な孤立に陥り、新渡戸夫妻は、アメリカからも日本からも非難を受けつつも、太平洋の両面交通のために努力され、カナダのバンフで開催された第五回太平洋会議に出席され、その後倒れられて、一九三三年十月十五日、七十一歳で客死されました。

メリーは、夫稲造亡き後遺骨を抱いて日本に帰国、前述の遠友夜学校の二代目の校長に一九三四年に就任。ますます軍国主義化して行く日本で困難を覚えつつも、最後まで「いつアメリカに帰りますかと聞かれる程寂しい事はありません。私は日本人稲造の妻で、私の国は日本です」と平和主義者としての生涯を全うされ、一九三八年亡くなられました。

私は新渡戸の業績をこの妻メリーの存在なくして語ることはできないと思っています。

新渡戸は、国際人の条件として、次のような大切な言葉を残しておられます。

「人間は大きな心で人を和して行かねばならない。絶対を楯《たて》にとり、理屈を一理も曲げずに、他人をことごとく小人視して、我独り澄めりという心がけでは、世の中は少しもよくならない。どれほど高い理想を抱こうとも、実行に当っては譲れるだけ譲り、折れるだけ折れて行くのが大切である」

すなわち寛容の精神です。平和は、どこかからやって来ません。つくり出すものです。

日本ができること、私ができること

まず第一に寛容の精神に立って、個人に対して国際社会に対して女性としてできる範囲でかかわることだと思っています。

留学生活が始まった頃、勝負を決めなければならない場面に直面し、私一人だけがジャンケンのポーズを取っていて笑われたことがあります。子供の頃から慣れ親しんできたジャンケンが、実は非常に日本的発想の中で発展したものであることを知らなかったのです。ジャンケンの原理は三元から構成されていて、グーはチョキには勝つが、パーには負けるという複雑な原理です。その上あいこがあります。

余談ですが、ジャンケンの歴史を調べてみたら、おもしろいことに絶対権力を嫌った江戸時代に考案されたとのこと。

これに対して西欧では硬貨を上に投げ、表が出れば勝ち、裏が出れば負けと決め、二元の世界観に立ち第三の要素が入って来ません。それはイエスとノーが冷たいほどはっきりと表現される世界です。表を勝ちと決めれば、状況がどう変わっても、常に表は勝ちとしか決まらない世界です。「あいこでしょ」と言っている余裕もゆとりも生まれない厳しいものです。

「我太平洋の橋とならん」と生涯をグローバリゼーションのために捧《ささ》げた新渡戸は、ジャンケンの原理に立って、国際連盟の事務局次長の責任を果たした人と言えます。

是か非か、にもう一つの道を指し示す余裕を与える。二十一世紀世界情勢に大切な要素です。

アインシュタインは一九二二年来日され、四十日間日本に滞在されました。その時の言葉から、今日における日本の役割を示されているものを紹介します。

「世界は進むだけ進み、その間に幾度も幾度も闘争を繰り返すであろう。そして、その闘争に疲れ果てるときが来る。その時、世界人類は平和を求め、その為の世界の盟主が必要になる。その盟主とは、アジアに始まって、アジアに帰る。そしてアジアの最高峰、日本に立ち返らねばならない。我々は神に感謝する。天が我々人類に、日本という国を与えたもうことを」

女性としての寛容の精神が世界を変えると思います。

まず、私が変われば世界は変わる。

すべてはできないが、何かはできる筈《はず》です。

「身近なところに」平和の種を

国際貢献とは必ずしも外国に出かけることだけを意味しません。一番身近なところから平和をつくり出す心を養わなければ、国際貢献にまでつながらないからです。

家庭や教育の現場、また社会を通して養われる寛容の精神が、国や民族を超えて愛し合う心を生み出し、平和をつくり出すことにつながることを長い人生の中から学びました。「私の人生の宝物」として最後に紹介させていただきたい。

若い方々が「すべてはできないが、何かはできる」ことを常に心に留めて、与えられている「いのち」を大切にしながら「途上国のいのち」のためにも思いを寄せていただきたいです。

届けられた箱一杯の写真

一九六〇年代私共家族は国際基督教大学のキャンパス内に住んでいました。夫は有機化学の教員として、私は五歳と三歳の活発な男の子の母として、フルタイムの仕事に就くことはせず、アカデミック・アドヴァイザーとしての仕事に専念していました。時は学園紛争の最中。現在の平穏なキャンパス情景からは、とても想像もつかない緊張した日々が続いていたのです。

ある夜、十一時過ぎにけたたましく玄関ドアをたたき、一人の学生が訪ねて来ました。「〇〇です。明日、朝四時に本館前で焼身自殺する!!」と訴え続けたのです。

夫は「入りなさい」と言ってドアを開けました。反帝と正面に書いたヘルメットをかぶり、煮しめた様なタオルを首からかけ、よれよれのズボンをはいて、赤い小さな灯油の入ったプラスティックの入れ物をさげた一人の学生が立っていたのです。

リビングルームに通すと、夫を前に座らせ、直立不動の姿勢で、あの特有の口調で演説を始めました。夫は黙ってじっと目を伏せて聞いていました。私は台所に入って、温かいおうどんを作りました。演説が途切れた時にそっとおうどんを差し出し、「おあがりなさい」とやさしく語りかけた。しばらくして、一言も語らずに食べ始めたのでした。おうどんをする音だけが静けさの中にひときわ大きく聞こえたのを覚えています。徹夜で彼の話を聞き、私たちは「いのちの尊さ」を語り続けたのです。朝、四時少し前に彼は涙を一杯浮かべて、「先生、僕灯油を捨てます」と言いました。そして、三人で庭にでて捨てた……。

それから十一年の歳月が流れ、五歳だった長男は高一に、三歳だった次男は中二に、あの後生まれた長女が十歳になった時、夫は脳内出血を起こし倒れ、一言の会話もなく急逝しました。国際基督教大学礼拝堂には千人を越える方々が別れを惜しんで集まって下さりました。

あの時の彼がカメラを持って飛んで来てくれました。

「こんなにたくさんの人ではどなたがいらしているのかわからないでしょうから、僕が、前から後ろ、二階まで全員が入る様に写真を撮っておきます。ご安心ください」とやさしく語りかけて下さいました。あの夜からは想像もできない顔だったのです。

数日経って箱一杯の写真を自宅まで届けて下さりました。「すみません、全部ピンボケです……」と。三十年前のカメラは今の様に性能が良くありません。「涙で焦点が合わなかったのです」と。「私の宝物です！　ありがとう。」私は溢れる涙を止めることが出来ませんでした。堅い握手をして別れました。彼は立派に立ち直り、人を愛する人になっていました。

忘れられない三時間

夫が亡くなった後の私は、家庭と仕事の狭間で、分刻みの生活をしていました。ある大雨の日、締め切りの過ぎた原稿を完成すべく時計を気にしながら自宅で執筆していた。電話が鳴った。「相談したいことがあります。今から伺っていいですか。」

当時、教えていた大学の大学院の学生からだった。「丁度一休みするところなの。いらっしゃい」と快く返事をしました。

しばらくして刑事コロンボの様なコートを着た青年が訪ねて来ました。二時間位経つのに、何のために雨の中訪ねて来たのか、何を相談したいのかさっぱりつかめない。何度も紅茶を入れ替えました。だんだん原稿のことが気にかかり始めた時、「僕死に場を探して歩き廻っていたのです……」と。いろいろなことを総合して納得しました。

集中治療室での夫との別れの瞬間について話をしました。子供たち三人と一緒に父親の夫の胸に手を置き、一言ずつ祈って別れた時のこと。「存在する」と「存在しない」の大きな違いに愕然としたことを。彼は「存在していること」、「存在させていただいていること」への責任を深く感じ入った様でした。深く頭を下げ玄関を出て行きました。

それから二十五年が流れて、学長室に一通の手紙が届きました。「娘が此度東京女子大学に合格してお世話になります……」という知らせでした。私の人生への最高のプレゼントでした。

千円札が一枚入った白い封筒

二〇〇一年に東京女子大学を定年退職するまで、私はキリスト教学担当の一教員でした。当時の選択科目「聖書と女性」は、いつも三〇〇人教室が最初の日で一杯となっていました。私の著書の一つをテキストに使ったが、著者割引にし、さらに端数を切り捨てて千円にすることに。「名前をチェックするのも大変ですから千円を入れてください。皆さんを信頼していますから」とアナウンスし、教壇の前に三週間大きめの箱を置きました。回収出来なかったのは三〇〇人中七名だけでした。

それから八年が過ぎた卒業式、「卒業式に来れば先生の話が聞けると思って来ました。そして千円を持って来ました。遅くなってすみません」と、白い封筒を渡されました。

「ごく小さなことに忠実な者は、大きなことにも忠実である。ごく小さなことに不忠実な者は、大きなことにも不忠実である」とクラスで何度も話したことに応えて下さったのです。「千円札入りの封筒」は私のリベラル・アーツ教育の実りとして大切に保管してあります。

サロン・ド・ミナトから

超忙しい学長スケジュールであっても、学生が相談に来た場合は、何とか工面してたとえ十分でも時間を入れてほしいと秘書室に頼んでいます。学長に就任した時、学友会（学生会）の方々が学長室を「サロン・ド・ミナト」と命名して下さいました。

問題を抱えて行き詰まってしまった学生、喜び一杯で報告に来る学生、悲しみから立ち上がれなくて涙する学生、悲喜こもごもです。真剣に接し、ほんの一言で良いから適切な言葉を返してあげるだけで立ち上がって学長室を後にします。

学友会役員の学生たちが何度もサロン・ド・ミナトに集まり、「七夕恋愛学長講演」、「VERA祭学長講演会」、「学長を囲むクリスマス会」、「学長を囲む昼食会」など次々にアイディアに満ちた会を企画して下さいました。大学祭で学長講演があるのは珍しいと朝日新聞で取り上げて下さったこともあります。

重責の中で押しつぶされそうな日々であっても、孫のような学生たちがいつも私の心を楽園に変えてくれました。二〇〇二年に学長に就任して二期八年、二十七歳で大学の仕事に就いて五十年、学生たちと過ごした日々は、私の人生の宝物です。

そして、学生たちが真の国際人として育っていくことを願ってやまないです。これらのすべての経験がこれから始まる国際貢献の仕事に役立つことでしょう。

あとがき

戦前、戦中、戦後を娘として、妻として、母として、教育者として生きて来た一人の女性の半生を振り返りつつ、「女性とは何か」、「女性として生きるとは具体的にどういうことか」など、時代と共に問われている問題を私なりの視点で精一杯とらえて来た。

私の本来の専門は、キリスト教学、特に初期キリスト教史であるが、一九八〇年頃から「女であること」の視点からの執筆依頼が増え、『女性のほんとうのひとり立ち』、『ほんとうのパートナーシップ』、『輝いて生きたい女性に贈るひとこと集』、『自分色に色づいて』、『新渡戸稲造と妻メリー』などを出版した。いわば本書はそれらを元にした集大成の一冊である。

激動の時代を生きぬくためには、妻であり、母である前に「女であること」が明確に把握される必要がある。

私の生きた七十七年間の生涯を振り返ってみても、価値観の変化はすさまじい。第二次世界大戦中の小学校から女学校時代、日本人の欲望の的は銀めし（白米）と純綿生地だった。一九五一年、東京女子大学に入学した当時は、冷蔵庫、洗濯機、掃除機はまだなかった。経済成長とともにそれらは「三種の神器」と言われ一気に普及した。

やがて「３Ｃ」時代、すなわちクーラー、カラーテレビ、車時代を現出した。そして人々の欲望の対象は「Ｍ・Ｄ・Ｂ」すなわちミンク、ダイアモンド、ベンツとなった。そして二十一世紀は、ＩＴ時代となり、年老いた者たちは、なかなか追いつけなくなってしまった。

しかし、どんなに歴史が変わっても永遠に変わらないものがある。使徒ペテロは、預言者イザヤの言葉を引用して、「人は皆、草のようで、その華やかさはすべて、草の花のようだ。草は枯れ、花は散る。しかし、主の言葉は永遠に変わることがない」と殉教する直前に書き残した。

私はこの永遠に変わることのない「生きる力」を東京女子大学の学生時代に「キリスト教を基盤としたリベラル・アーツ女子教育」から学び取った。私の人生の宝物である。第四章の「学生時代に見つけてほしいこと」に収録したものは、一九八〇年代から今日に至るまでにいくつかの女子大学で講演した内容の要約であるが、時代は変わっても主張は変わらないことを読み取っていただければ幸いである。

経済的不況、少子化による人口減少、就職難、自殺者の急増など、今、私たちのまわりには問題が山積している。先が見えなくて悲観的になりやすい中にも、必ず解決の道はある。

私もある日、問題に打ちひしがれて暗い顔をして、ハーバード・ヤードを歩いていたことがある。夕暮れ時、向こうの方から歩いて来られたのは、同年輩のヘンリー・ナウエン先生だった。私の悩んでいる姿をいち早く察知して、「Crushed grapes can produce delicious wine」(ブドウは砕かれてはじめておいしいブドウ酒になる)と言葉をかけて下さり、静かに通り過ぎて行かれた。

ナウエン先生は、ハーバード大学教授の名誉あるポストを捨てて、カナダのトロントにある知的障害者ラルシュ共同体の牧師となられた方である。十年ほど前に亡くなられた。

人生には、「どうして?!」と聞きたくなることが次々起こる。忍耐をもってデリシャス・ワインをつくりたいと思う。ナウエン先生からいただいた言葉は、私の座右の銘として常に私を支え続けている。

最後にこの本が出版されることになった「出会い」について、一言述べさせていただきたい。二〇〇二年に東京女子大学の学長に就任以来、国内外の会議など公の場に立つ機会が多くなり、ファッションデザイナーの芦田淳先生のブティックで、それぞれの場に適した洋服を揃えさせていただいて来た。

学長職も八年目を迎えた昨年十一月、思いがけず先生の御自宅での夕食会にお呼ばれする機会があった。さすがと思える心のこもったおもてなしと食卓での会話に、すっかり緊張もほぐれ、思いの向くまま会話を楽しませていただいた。

私のお隣の席にお座りになったのが角川グループホールディングスの角川歴彦会長だった。私は初めてお目にかかったが、芦田先生とは大の親友でいらっしゃるとのこと。大変なところにお仲間入りさせていただいたと恐縮しつつも、〝delicious wine〟にすっかり感動して、私の人生の〝crushed〟されたストーリーをユーモアを交えて話し続けた。

翌日、角川会長から学長室に電話があり、「近いうちに編集長を連れて伺います」とのこと。数日後、角川書店の永井草二編集長と共に角川会長自らも学長室にいらっしゃり恐縮した。

そんな思いがけない出会いをもって、短期間に永井編集長の的確な判断と熱意によって一冊の本にまとめられたのは驚きである。この不思議な出会いとプロセスに心から感謝したい。

また、講演などの原稿を常に忠実にコンピューターに打ち込み、管理してくれている学長秘書の原田知恵子氏なくして、短い時間に原稿を揃えることは不可能であったことも、最後に感謝をもって記させていただきたい。

湊　晶子

二月、雪降る日の学長室にて

湊晶子（みなと・あきこ）

1932年生まれ。東京女子大学文学部社会科学科卒業後、フルブライト奨学生としてホイートン大学大学院修了（神学修士）。NHK教育テレビ英語会話中級講師、ハーバード大学客員研究員、東京基督教大学教授、東京女子大学教授を歴任後、2002年より東京女子大学学長（10年３月まで）。東京基督教大学名誉教授。ワールド・ビジョン・ジャパン国際理事。05年第２回「新渡戸・南原賞」受賞。08年ホイートン大学より「名誉卒業生功労賞・名誉博士号」を授与される。著書は『女性のほんとうのひとり立ち』『新渡戸稲造と妻メリー』『宗教から考える公共性』（共著）など多数ある。

女性《じょせい》を生《い》きる

湊《みなと》 晶子《あきこ》

二〇一〇年三月十日　初版発行

発行者　井上伸一郎
発行所　株式会社角川書店
〒一〇二—八〇七八
東京都千代田区富士見二—十三—三
電話／編集　〇三—三二三八—八五五五

発売元　株式会社角川グループパブリッシング
東京都千代田区富士見二—十三—三
〒一〇二—八一七七
電話／営業　〇三—三二三八—八五二一

http://www.kadokawa.co.jp/

装丁者　緒方修一（ラーフイン・ワークショップ）
印刷所　暁印刷
製本所　BBC

角川oneテーマ21　C-185

© Akiko Minato 2010 Printed in Japan
ISBN978-4-04-710235-4 C0295

落丁・乱丁本は角川グループ受注センター読者係宛にお送りください。
送料は小社負担でお取り替えいたします。

C-155
〈女性職〉の時代
――ソフトインテリジェンスの力
中川美紀
キャリア格差を打ち破る新しい仕事スタイルを！　気鋭のアナリストが提唱する戦略的キャリア「女性職」とは？

B-81
女はなぜ突然怒り出すのか？
姫野友美
男が理解に苦しむ女性の思考と行動を分析。男性、女性、両方の患者を診療し続けてきた著者が、男が抱く素朴な疑問にひとつひとつこたえていく。

A-79
女は何を欲望するか？
内田　樹
フェミニズムは正しい。でも間違っている。――いま最も信用できる哲学者が、「宿敵」フェミニズムを身体性ゆたかな論理で検証する。知的冒険の書。

B-65
上機嫌の作法
齋藤　孝
「上機嫌」は、円滑なコミュニケーションのための技！人間関係力を劇的に伸ばすための齋藤流〝上機嫌の作法〟がみるみる身につく！　生き方の変わる一冊。

C-179
情報病
――なぜ若者は欲望を喪失したのか？
三浦　展
原田曜平
最近の若者は欲望を失った、草食化したと言われる。それはなぜか？　情報過多時代に育った現代の若者の消費動向の奥にある真実に迫る。

B-129
「甘え」と日本人
土居健郎
齋藤　孝
「甘え」を奪われたことが、子供たちに引きこもりなどが増えた原因ではないか。自然な甘えの肯定が、生命力や豊かな人間関係を育むと説く衝撃の対話。

C-172
生きづらい時代の幸福論
――9人の偉大な心理学者の教え
諸富祥彦
クランボルツ、ミンデル、アドラーら偉大な心理学者の業績を学びながら、どんな苦しいときでもギリギリの幸福をつかむ究極の技術を身につける。